elefante

conselho editorial
Bianca Oliveira
João Peres
Tadeu Breda

edição
Tadeu Breda

assistência de edição
Carla Fortino

preparação
Mariana Zanini

revisão
Túlio Custódio
Laura Massunari

projeto gráfico
Leticia Quintilhano

ilustração da capa
Camila Yoshida

direção de arte
Bianca Oliveira

diagramação
Victor Prado

bell hooks

tradução
Vinícius
da Silva

a gente é da hora
homens negros e masculinidade

eu não estava destinada
a ficar sozinha e sem você,
que compreende

apresentação
   farol do desassossego
   Lázaro Ramos, **9**

prefácio à edição brasileira
   por uma ética da responsabilidade
   e autodeterminação, ou
   como podemos ser da hora
   Túlio Custódio, **13**

nota da tradução, 24

prefácio
   sobre homens negros: não acredite no *hype*, **28**

01. patriarcado da plantation, **42**
02. cultura *gangsta*: participação nos lucros, **64**
03. escolarização de homens negros, **88**
04. não me obrigue a machucar você: homens negros e violência, **108**
05. coisa de homem: além da performance sexual, **136**
06. de meninos raivosos a homens raivosos, **160**
07. esperando papai voltar para casa: parentalidade masculina negra, **182**
08. fazendo o trabalho do amor, **202**
09. curando a ferida, **228**
10. da hora é ser real, **246**

sobre a autora, 269

apresentação

farol do desassossego
Lázaro Ramos

A primeira vez que li um livro de bell hooks, ainda adolescente, em cada página eu sentia transpirar informação, transgressão e paixão. Esse primeiro contato, naquele momento em que eu tentava compreender quem eu era e como me encaixar no mundo, foi determinante para minhas escolhas futuras e se tornou um dos faróis para questões que nunca discuti dentro da minha casa. Desde então, no meu vocabulário, em conversas com amigos, jovens, desconhecidos ou quem mais papeasse comigo, uma frase sempre era repetida: "leia bell hooks". Com este livro, a frase ganha outra cor. Agora grito aos sete ventos: "leia *A gente é da hora: homens negros e masculinidade*, de bell hooks".

O impacto da leitura foi tamanho que quem convive comigo só me escutava falar disso, como se eu tivesse tido uma revelação ou, no mínimo, uma organização de sensações, comportamentos e caminhos sobre nossa masculinidade. É impossível se conter ao ler o que estas páginas revelam. Para mim, homem negro, foi muito importante conhecer esta análise profunda de como o machismo nos molda, numa perspectiva histórica. De presente, ainda me senti acolhido ao perceber como, desde o processo de escravização, nós, tropegamente, vamos tentando resgatar nossa humanidade ao experimentar diversas estratégias que de alguma forma nos emanciparam, mas ao mesmo tempo nos trouxeram outras prisões. Também me emocionei com tudo que li de libertador. Saber que Muhammad Ali ousou forjar masculinidades alternativas e afirmar uma identidade masculina negra distinta do estereótipo, e ser impulsionado a perceber em detalhes o que significam tais escolhas, me trouxe fé. E, como não podia faltar num livro de bell hooks, o texto também fala muito sobre amar e ser amado.

Mas não pense que o livro é para provocar apenas conforto e acolhimento; ele traz desassossego em cada linha e nos convoca a responsabilidades. bell aponta as violências que cometemos e nossa incapacidade de nos libertar física e mentalmente com paixão e de forma íntima. Essa intimidade se torna tão importante que, juntamente com o desassossego provocado pela leitura, fui tomado pelo desejo de ler o livro nas madrugadas e deitar em silêncio pensando; de ler nas pausas do trabalho, pois parecia a melhor maneira de usar meu tempo; de reclamar de algo, vomitar uma revolta e me apaixonar pela masculinidade revolucionária.

Entre outras coisas, bell nos liberta para sabermos que temos o direito de ser amados e que essa é uma luta necessária. Ela também nos diz que devemos amar, mas amar com mais respeito, responsabilidade, compreensão, companheirismo e demonstração constante de afeto e coragem. E seguirmos em luta. Porque ainda precisamos refletir criticamente sobre o passado, nos defender para que nossos corpos não sejam tratados como um alvo para a morte, transgredir os limites estabelecidos pelo racismo, nos curar e criar conexões.

Espero que esta leitura te traga desassossego e acolhimento como trouxe para mim, e que você também possa gritar o que tiver preso na sua garganta e silenciar para entrar em contato consigo e produzir o seu próximo passo.

Lázaro Ramos é ator e diretor de TV, cinema e teatro, além de apresentador e escritor. Atuou em *Madame Satã* (2002), *O Homem que Copiava* (2003), *Cidade Baixa* (2005) e *Ó Paí, Ó* (2007), e dirigiu *Medida Provisória* (2022). Escreveu livros infantis, como *O caderno de rimas de João* (Pallas, 2010), e o autobiográfico *Na minha pele* (Companhia das Letras, 2017), destaque da Festa Literária Internacional de Paraty (Flip).

prefácio à edição brasileira

por uma ética da responsabilidade e autodeterminação, ou como podemos ser da hora
Túlio Custódio

O que você tem em mãos é a tradução do livro de bell hooks sobre masculinidades negras. Não é o único. Em 2004, ano em que lançou *We Real Cool*, título original desta obra, ela publicou ainda *The Will to Change* [a ser lançado pela Elefante em 2023]. Também escreveu artigos sobre o tema, espalhados por outros títulos, como *Olhares negros* e *Erguer a voz* [editados pela Elefante em 2019]. bell hooks entende que sua teoria sobre feminismo precisa questionar sobre e dialogar com os homens, já que somos parte de uma cadeia de relações e processos que envolvem a reprodução das práticas violentas e de negação das mulheres.

Eis um dos primeiros e mais valiosos pontos da obra de bell hooks: sua maneira não chapada, não monolítica, de tratar as opressões sociais. Como uma leitora crítica da sociedade em sua perspectiva estrutural, hooks nunca se dedica a uma análise unidimensional e preguiçosa da realidade, entendendo que, ao tratar de questões estruturais, é necessário descer aos porões da civilização. Você notará neste livro que ela sempre menciona a "sociedade patriarcal capitalista supremacista branca imperialista". Sim, porque não há como fazer uma análise contemporânea do machismo desconsiderando que sua ética de poder também está ancorada em princípios do capitalismo e na supremacia racial branca que emerge do contexto civilizacional do Ocidente. O patriarcado precisa ser entendido a partir das dinâmicas de exploração e dominação produzidas e reproduzidas nas sociedades. hooks detona, portanto, a visão fácil daqueles que pretendem se ater a apenas uma dimensão — no caso, a de gênero.

A autora não entende a interseccionalidade como "receita", ou seja, em termos de padrões fixos, engessados, que transformam categorias analíticas em "letras mortas da crítica". Sua análise é viva, assim como as categorias que só podem ser compreendidas ao se apreender uma dinâmica, uma mobilidade contínua, conflituosa e contraditória historicamente determinada. Isso é essencial em épocas nas quais vivemos uma espécie de eclipse da razão, quando a crítica social (ligada ao ativismo) parece estar dissociada da crítica produzida pela teoria e/ou academia — dimensões que, ensina hooks, não são conflituosas.

Tenho me enfrentado bastante com essas questões no cenário atual e local do debate sobre masculinidades. Primeiro, devido ao excesso de "estetização" da reflexão sobre o tema. Apesar das performances de gênero serem um caminho fundamental (e até uma porta de entrada) para o debate — questões sobre comportamento masculino, até a famigerada "masculinidade tóxica" —, mexer no estético sem atuar no ético me parece uma alternativa superficial. Isso porque, apesar de ser importante considerar a forma como ocorrem determinadas performances esperadas de gênero, e as limitações que se colocam à manifestação do masculino (como não poder se expressar ou chorar, a expectativa de ser sempre forte e nunca falhar), no plano das relações sociais há toda uma trama ética que destila a reprodução de elementos de poder a despeito desses comportamentos.

Basta perceber, como tem ocorrido e sido sistematicamente denunciado por mulheres, a guinada de violência psicológica de gênero praticada por homens que, de algum modo, tiveram acesso ao debate feminista. Cosmeticamente, esses homens se apropriam de alguns argumentos do feminismo e os usam em prol de renomear as violências cometidas por eles e outros homens, impondo uma cruzada de (o)pressão psicológica, fazendo com que muitas mulheres desconfiem de sua própria capacidade de compreender e se manifestar diante da violência ocorrida. Esse tipo de crueldade demonstra que uma discussão sobre masculinidades que não esteja pautada em um transcender das relações sociais que fundamentam as violências de gênero pouco será transformadora.

hooks estabelece uma capacidade crítica criativa de enxergar a masculinidade negra em dois eixos: as formas que não são contempladas pelo padrão unidimensional do Homem da masculinidade hegemônica patriarcal; e o "não lugar" que o ser negro preenche dentro do projeto limitado e violento da masculinidade falocêntrica. Sobre este último ponto, precisamos entender que o homem negro representa, no modelo racista, capitalista e imperialista, o "homem desgarrado", um lugar de representação a que os homens brancos podem recorrer para performar o "fora-da-lei", o sujeito informado por uma não civilidade que demarca e reforça os padrões racistas de como se leem pessoas negras. E infelizmente muitos homens negros acabam comprando tal narrativa como forma de se enxergar e se determinar a partir daquilo que os destrói: uma operação flagrante de reprodução do nosso próprio genocídio, quando assumimos como caminho de ser ou vir a ser aquilo que não nos dá condição de existir e seguir existindo.

É nessa interface multifacetada das relações sociais que encontramos alguns dos elementos que tornam a análise de hooks tão fundamental e tão contemporânea. Vou ficar aqui em dois pontos, que considero primordiais, e que são uma grande contribuição ao debate público sobre masculinidades.

Primeiro, e de maneira brilhante, hooks demonstra que precisamos entender o patriarcado — sistema que possui dimensões éticas e performáticas do projeto de masculinidade hegemônica falocêntrica — em consonância com outros sistemas de exploração, dominação e opressão. Assim, não ignora, em um exame crítico sobre o capitalismo, que as lógicas de raça, classe e dinâmica do trabalho atravessam diretamente a noção que ela aponta como dividendos patriarcais. Do mesmo modo que há desigualdade estrutural na produção e distribuição do mais valor gerado pelo capital, o mais valor patriarcal também é fonte de grandes distorções e desigualdades estruturais. Esses dividendos, fruto da porcentagem dos lucros aferidos naquela dinâmica social, na relação interpessoal estão ancorados na ética do exercício de poder, controle e rivalidade em uma lógica binária, hierárquica e opositora de masculino/feminino preconizada em uma performance de exploração (como no trabalho reprodutivo), dominação (como na naturalização social de elementos de gênero masculinos como mais importantes, valorados) e opressão (como na imposição do controle sobre a sexualidade, expresso na cultura do estupro).

Os dividendos do patriarcado são os ganhos que advêm diretamente desse processo baseado em um projeto de aniquilação, anulação. hooks, que nos mostra que os dividendos patriarcais não são distribuídos aos homens negros, demonstra que nós estamos, dentro dessa relação social, em uma chave também de explorados, dominados e oprimidos, especialmente pela condição do negro no contexto das sociedades coloniais supremacistas brancas. Mesmo que os homens negros tentem performar os elementos da masculinidade hegemônica patriarcal, eles não são estruturalmente proprietários de capital-Homem e, logo, não usufruem plenamente desse projeto — que também os aniquila.

A análise de hooks, portanto, é uma análise que pensa estruturalmente as condições que nos impedem de exercer com plenitude a masculinidade hegemônica patriarcal. Nós não temos os requisitos historicamente instituídos para isso. Logo, não faz sentido nos fiarmos do projeto de masculinidade falocêntrica como um caminho de construção de poder. Compreender que homens negros têm acesso, quiçá, ao troquinho contado em moedas desse patriarcado é lembrar, com todo o arcabouço que a teoria social nos possibilita, que não temos condições de reproduzir nossa realidade e coletividade plenas de humanidade a partir de um projeto de masculinidade hegemônica patriarcal. Quando hooks analisa, por exemplo, os modelos de masculinidade a partir da plantation (capítulo 1), das interações baseadas no *gangsta* (capítulo 2) ou da discussão sobre o lugar da violência nas representações sobre homens negros (capítulo 4), em suma ela aborda o lugar em que o homem negro é colocado estruturalmente por essa masculinidade hegemônica falocêntrica da sociedade patriarcal capitalista supremacista branca imperialista. Ou seja, não há ganhos para nós.

Outro elemento muito importante é o entendimento da discussão sobre masculinidades como um debate voltado para a prática, pautado em auto(re)conhecimento, responsabilidade e busca por autodeterminação. hooks nos incita a refletir sobre uma "recusa à vitimização". A ideia causa estranhamento, pois, assim como outros termos, o conceito de "vitimização" tem sido esvaziado pelos detratores de denúncias sobre racismo, machismo e outras forma de opressão. Contudo, é importante recuperarmos um sentido de "vitimização" distinto da condição de "ser vítima" (dentro de uma relação social de poder, no qual se está "por baixo" numa interação de exploração e dominação). Aqui, vitimização tem menos a ver com "produzir a vítima" do que se apossar de um discurso em torno do enunciado de sofrimento, de um enquadramento de menos valor que o "ser vítima" possui. Ser vítima é fruto de uma relação social, ao passo que a "vitimização" é a precificação externamente determinada do lugar da vítima. Há uma diferença nisso, apesar do embaralhamento que os termos, ao serem ditos e exaustivamente usados, podem gerar.

Qual é a importância de entender essa distinção? Ora, para compreender que bell hooks, em sua abordagem sobre masculinidades negras, constrói uma crítica para que nós, homens negros, entendamos sim o nosso lugar de vítima, mas sem sucumbir ao processo de vitimização. A precificação de nossa existência deve estar voltada à superação do status de vítima, dentro do qual podemos enquadrar também a masculinidade hegemônica patriarcal. Falar sobre homens negros é falar criticamente de seu lugar estrutural de vítima, mas confrontando com toda força e esforço teórico, crítico e político o discurso de vitimização. O patriarcado, na sua dimensão ética e estética de poder, controle e rivalidade, aprofunda, na conjugação de suas dinâmicas raciais, de classe e sociais, o "ser vítima" do homem negro, especialmente em seu compromisso de negação de reconhecimento do homem negro como Homem (Fanon, 2008; Custódio, 2019). Ao mesmo tempo, funciona como uma promessa, àqueles que "comprarem seu kit", de conceder um lugar ao sol a esse homem negro.

Desde o escravismo colonial, a promessa de inclusão social para os homens negros se confunde com a promessa de exercício de uma masculinidade patriarcal, e o caminho para isso passa pela vitimização. A vitimização é a recusa crítica da agência e autodeterminação por meio das quais podemos negar os "trocadinhos" dos dividendos patriarcais que nos são oferecidos e confrontar a complexidade imbricada na fragmentação ética e existencial perpetrada pela sociedade patriarcal capitalista colonialista supremacista branca. Ao recusarmos essa crítica, aceitamos que há apenas um único padrão possível de exercício de masculinidade, e ele passa pelo exercício de poder sobre outros, e concordamos com essa determinação de nós mesmos externamente instituída pelo colonialismo, que nos considera "seres semi-humanos", fazendo com que nos enxerguemos através de um véu colocado sobre nossa imagem, ou uma simulação falsa (Du Bois, 1996; Fanon, 2008; Mbembe, 2018). Disso só pode advir um discurso permeado de sofrimento e lamentação.

Tal discurso, infelizmente, vem ganhando muito espaço no Brasil com o avanço do debate público sobre masculinidades negras, graças a uma confusão entre o status de vítima e a depuração dos discursos que dão sentido ao que é externamente determinado sobre nós, sobre vitimização. É nesse sentido que a autodeterminação é fundamental na teoria de hooks. O que nos leva à grande analogia e proposição crítica do livro: de modo a superar as amarras do patriarcado, é preciso transcender o *cool*, e nos realizar enquanto *real cool*. Do inglês para nossa língua, é preciso se desprender dos elementos do "legal" propostos pela masculinidade patriarcal para nos tornarmos efetivamente "da hora", autênticos.

O lugar da masculinidade negra da hora, ressalta hooks, é o lugar da responsabilidade, do autoconhecimento, do reconhecimento e, especialmente, da autodeterminação, de homens negros que ousam se autodefinir em vez de serem definidos pelos outros. hooks escreve um belíssimo texto para que nós, homens negros em busca de autodeterminação, possamos não cair no *hype* da masculinidade falocêntrica e não nos percamos nos discursos de vitimização criados sobre nós — mas não por nós. Definitivamente, *A gente é da hora* é um livro sobre autonomia, sobre como precisamos nos autodeterminar para além dos simulacros de uma imagem instituída de fora.

Você, leitor, leitora, vai passear por um livro que atravessa uma proposta tocante para pensar masculinidades negras e sua interação (negativa) com a masculinidade hegemônica patriarcal, de maneira crítica e consubstancial; suas raízes no colonialismo da plantation, suas determinações e tentativas de construir modelos fixos, padrões de formação, violência, sexualidade e afetos; todo o preço que nós, homens negros, pagamos para ser "legais" em uma sociedade patriarcal capitalista supremacista branca imperialista. Entretanto, também há caminhos para sairmos disso e irmos em busca da autodeterminação e da responsabilidade: amor, parentalidade, reconhecimento e, sem dúvida, senso de pertencimento e legado.

A obra de hooks também nos ajuda a desfazer as amarras perversas e preguiçosas de atribuir sentidos de preeminência de um ou outro rótulo. Cair nessa armadilha é cair na armadilha da identidade que um grande amigo de hooks, Cornel West (1993), denominou de "razão baseada em raça", ou seja, um limitador que não consegue superar as questões éticas que a ideia de autenticidade racial coloca sobre nós. Precisamos ser o melhor de nós mesmos, justamente porque é dentro do emaranhado de raça, gênero e classe — entre outros — que persistem os mecanismos que reproduzem nossa morte, nossa subtração existencial. E essa operação é viva, movente e dialeticamente voltada para a anulação.

Como aprendemos com a obra de Abdias Nascimento, Lélia Gonzalez e, mais contemporaneamente, Achille Mbembe, o genocídio é um motor de reprodução das condições materiais, sociais, econômicas, afetivas e subjetivas de subalternização e da descartabilidade da vida negra. Uma equação no caminho da morte, que pode se concretizar nos assassinatos de vidas negras ou simplesmente na reprodução de sua imagem como inferior, indigna de reconhecimento de humanidade, respeito e luto.

A maneira sofisticada e profunda com a qual hooks consegue estabelecer sua análise é quase uma genealogia sócio-histórica determinada do que são as masculinidades do homem negro no contexto de sociedades patriarcais capitalistas supremacistas brancas imperialistas colonialistas. O nosso desafio, para o debate local, brasileiro, é dialogar com essa obra estabelecendo uma crítica também histórica e socialmente determinada, levando em conta os elementos que configuram a perspectiva do patriarcado com os dilemas da maneira específica e particular com que o racismo nos atravessa, com sua ideologia da democracia racial, no lado dependente do capitalismo, chocado pelo colonialismo escravista. Não é tarefa fácil.

hooks nos ensina que, dentro das amarras do patriarcado, devidamente informado pelo racismo e pelo capitalismo, colonialismo e imperialismo, as noções de masculinidade hegemônica patriarcal não nos servem. Elas são o ingrediente fundamental da receita da morte. Operação sofisticada e cruel de uma promessa que não vale a pena: ser um Homem, num mundo que diz que ser sujeito Homem é ser sujeito da violência e da destruição. Não queremos, não precisamos disso.

Tulio Custódio é sociólogo, sócio e curador de conhecimento na Inesplorato. Escreve, pesquisa e fala sobre trabalho, neoliberalismo, masculinidades e questões raciais, em artigos e palestras. Foi um dos finalistas do Prêmio Jabuti em 2021 na categoria Crônica com o livro coletivo *De bala em prosa: vozes da resistência ao genocídio negro* (Elefante, 2020).

Referências

CUSTÓDIO, Túlio. "Per-vertido Homem Negro: reflexões sobre masculinidades negras a partir de categorias de sujeição". *In*: SOUZA, R. & RESTIER, H. (org.) *Diálogos contemporâneos sobre homens negros e masculinidades*. São Paulo: Ciclo Contínuo, 2019.

DU BOIS, W.E.B. "The Souls of Black Folk". *In*: HUGGINS, N. (org). *Du Bois Writings*. Washington: Library of Congress, 1996.

FANON, Frantz. *Peles negras, máscaras brancas*. Salvador: EdUFBA, 2008.

MBEMBE, Achille. *Crítica da razão negra*. São Paulo: n-1, 2018.

WEST, Cornel. *Race Matters*. Boston: Beacon Press, 1993.

nota da tradução

We Real Cool, além de título original deste livro, é também o de uma das obras mais conhecidas da poeta negra estadunidense Gwendolyn Brooks (1917-2000), em que retrata um eu-lírico coletivo — os jovens negros — ansioso por viver perigosamente, com confiança e determinação:

We Real Cool
The Pool Players.
Seven at the Golden Shovel.

We real cool. We
Left school. We

Lurk late. We
Strike straight. We

Sing sin. We
Thin gin. We

Jazz June. We
Die soon.

Além de inspirarem bell hooks na definição do título de seu livro sobre homens negros e masculinidade, os versos de Brooks foram objeto de pesquisa de Lauro Maia Amorim publicada em "O drama e a alegria da tradução: Gwendolyn Brooks versando a vida em três poemas" (*Cadernos de literatura em tradução*, n. 16, p. 131-46, 2016). Diante da complexidade de transpor *We Real Cool* ao português, Amorim oferece duas opções, entre muitas possíveis:

A gente é da hora	**A gente é legal**
Jogadores de Sinuca.	*Jogadores de Sinuca.*
Sete no Taco de Ouro.	*Sete no Taco de Ouro.*
A gente é da hora. A gente	A gente é legal. A gente
Largou a escola. A gente	Largou o colegial. A gente
Embala na balada. A gente	Manda na madruga. A gente
Ataca na tacada. A gente	Acerta na sinuca. A gente
Xinga sim. A gente	Foge de igreja. A gente
Ginga gim. A gente	Segue a cerveja. A gente
Funkeia fevereiro. A gente	Samba à beça. A gente
Morre bem cedo.	Morre depressa.

Para esta edição, escolhemos traduzir *We Real Cool* como *A gente é da hora*, levando em consideração a criação de aliterações e assonâncias ao longo do texto — questões apontadas por Amorim —, os sentidos que "da hora" e "legal" assumem na linguagem brasileira coloquial e, sobretudo, os argumentos defendidos por bell hooks nas páginas a seguir.

We Real Cool, no inglês afro-estadunidense vernacular — o chamado *Black English* —, trata-se de uma escrita sobre homens negros que busca fornecer um diagnóstico e um caminho para novos futuros. bell hooks é enfática em suas análises e nos contempla com muitos desafios semânticos e conceituais; aceitá-los é escolher traçar um caminho para a cura.

Aqui você encontrará análises muito úteis para que possamos aceitar o desafio máximo de bell hooks, que é o comprometimento com a cura da nossa nação: uma cura fundamentada no amor.

— **Vinícius da Silva**

prefácio
sobre homens negros: não acredite no *hype*[1]

---

[1] O termo inglês *hype*, embora usado no Brasil, pode ser compreendido como "propaganda excessiva" ou "propaganda hegemônica" (em contextos de representações na mídia). Aqui, a autora o emprega no contexto da representação dos homens negros. [N.T.]

Quando as mulheres se reúnem e falam sobre homens, as notícias são quase sempre más. Se a conversa se torna específica e o foco recai sobre homens negros, as notícias são ainda piores. Apesar de todos os avanços nos direitos civis, no movimento feminista e na liberação sexual, quando os holofotes se voltam para os homens negros a mensagem é que eles não conseguiram sair do lugar e que, como grupo, não evoluíram. O influente jornalista negro Ellis Cose pouco faz para dissipar essa imagem da masculinidade negra em seu livro *The Envy of the World: On Being a Black Man in America* [A inveja do mundo: sobre ser um homem negro nos Estados Unidos]. Ainda assim, a obra teve uma repercussão muito mais ampla do que qualquer outro trabalho recente sobre masculinidade negra. No prefácio, ao identificar os homens negros como um "grupo à parte", Cose afirma:

> Muitos de nós estamos perdidos nos Estados Unidos do século XXI. Estamos menos certos do nosso lugar no mundo do que nossos antepassados, em parte porque nossas opções, nossas escolhas potenciais, são muito mais numerosas que as deles. Então, ficamos presos em um paradoxo. Nós sabemos, admitimos ou não,

que em muitos aspectos as coisas estão melhores do que nunca para nós. Esta é uma época, afinal, em que um afro-estadunidense pode ser secretário de Estado e, possivelmente, até mesmo presidente. As velhas barreiras que nos bloqueavam finalmente ruíram — ou se abriram o suficiente para permitir que alguns de nós passassem. Embora esteja ao nosso alcance, coletiva e individualmente, atingir o nível de sucesso que seria quase inimaginável para a maioria dos nossos antepassados, muitos de nós ainda estamos fadados ao fracasso.

Embora o livro de Cose identifique com eloquência muitos dos problemas enfrentados pelos homens negros, ele não oferece uma perspectiva de como eles poderiam criar novos e diferentes conceitos sobre si mesmos. No capítulo final, intitulado "Twelve Things You Must Know to Survive and Thrive in America" [Doze coisas que você precisa saber para sobreviver e prosperar nos Estados Unidos], o autor apresenta suas "novas regras mundiais", suas chaves para a sobrevivência, "mandamentos" de Cose, ou, se você preferir, as "duras verdades desta nova era". Suas "duras verdades" são, na melhor das hipóteses, simples conselhos de senso comum sobre como se dar bem na vida, e, na pior, clichês muito batidos. Ele encoraja os homens negros a parar de reclamar e de culpar os outros por suas dificuldades, a pedir ajuda e a se afastar de parcerias tóxicas. A "Dura Verdade nº 11" afirma: "Mesmo que você tenha de fingir, mostre alguma fé em si mesmo". Cose conclui o livro com o seguinte aviso: "Este volume é propositalmente menos preocupado com o sistêmico, com as grandes mudanças sociais necessárias, do que com o pessoal, com algumas coisas que você pode querer levar em conta à medida que for descobrindo como viver sua vida". *The Envy of the World* é uma decepcionante análise cultural da situação dos homens negros, precisamente porque Cose não relaciona o pessoal — tudo o que acontece no cotidiano dos homens negros — com o político, com movimentos progressistas por justiça social que oferecem estratégias teóricas e práticas que poderiam ser usadas para melhorar o bem-estar emocional dos homens negros e aumentar suas chances de viver bem e plenamente.

Apesar do apelo direto aos homens negros no último capítulo, Cose emprega em seu livro a linguagem do observador desapaixonado. O texto oferece o tipo de visão geral incompleta da masculinidade negra que sugere um público leitor sem a menor ideia do que sejam as experiências dos homens negros. Até mesmo o título escolhido para a obra, tirado do romance *Sula*, de Toni Morrison, subentende um público de homens não negros olhando pela lente de sua inveja — e o livro de Cose não deixa dúvidas de que eles não têm nada a invejar. No romance de Morrison, uma mulher negra repreende um homem negro por ele sugerir que não está recebendo atenção suficiente:

> Estou querendo dizer que não sei por que o alarde. Que o mundo inteiro te ama. Os homens brancos te amam. Passam tanto tempo preocupados com o seu pênis que esquecem do deles. [...] E as mulheres brancas? Correm atrás de vocês até os cafundós do mundo [...]. As mulheres de cor se preocupam tanto que ficam mal de saúde só tentando segurar vocês pelas pernas. Até as crianças pequenas — brancas e negras, meninos e meninas — passam a infância inteira sofrendo em silêncio porque acham que vocês não amam elas. E, como se não bastasse, vocês se amam. Nada

neste mundo ama um homem negro mais do que outro homem negro. [...] Me parece que vocês fazem inveja ao mundo.

Embora haja aqui um uso sedutor do verbo "amar", uma análise atenta mostra que o que realmente está sendo descrito nesse trecho não é amor, mas desejo. Talvez o que os homens negros queixosos queiram que o mundo ouça é que a inveja e o desejo não são características do amor.

Lamentavelmente, a verdade de fato, que é um tabu quando verbalizada, é que esta é uma cultura que não ama os homens negros; eles não são amados por homens brancos, nem por mulheres brancas ou mulheres negras, nem por meninas e meninos. Sobretudo, a maioria dos homens negros não se ama. Como eles poderiam amar a si mesmos e uns aos outros, como poderia se esperar que eles amassem cercados de tanta inveja, desejo, ódio? Homens negros na cultura do patriarcado supremacista branco capitalista imperialista são temidos, não amados. Obviamente, parte da lavagem cerebral que ocorre em uma cultura de dominação é a confusão entre temor e amor. Ao prosperar nos laços sadomasoquistas, as culturas de dominação fazem com que o desejo por aquele que é desprezado assuma a aparência de cuidado, de amor. Se os homens negros fossem amados, poderiam esperar mais do que uma vida trancafiada, enjaulada, confinada; eles poderiam se imaginar além da repressão.

Seja em uma prisão real ou não, praticamente todo homem negro nos Estados Unidos já foi forçado, em algum momento da vida, a conter o Eu que desejaria expressar, a reprimi-lo e refreá-lo por medo de ser atacado, massacrado, destruído. Homens negros muitas vezes vivem em uma prisão mental, incapazes de encontrar uma saída. Na cultura patriarcal, todos os homens aprendem um papel que restringe e confina. Quando raça e classe entram em cena junto com o patriarcado, os homens negros suportam as piores imposições da identidade patriarcal masculina de gênero.

Vistos como animais, brutos, estupradores por natureza e assassinos, os homens negros não têm sua voz ouvida de verdade no que diz respeito à forma como são representados. Eles interferiram pouco no estereótipo. Como consequência, são vitimados por estigmatizações que foram articuladas no século XIX, mas que dominam a mente e o imaginário dos cidadãos desta nação até hoje. Raros são os homens negros que recusam tal categorização, pois o preço da visibilidade no mundo contemporâneo da supremacia branca é que a identidade masculina negra seja definida em relação ao estereótipo, seja incorporando-o, seja buscando outro. No centro do modo como a personalidade masculina negra é construída no patriarcado capitalista supremacista branco está a imagem do indomável, incivilizado, irracional e insensível.

Estereótipos negativos sobre a natureza da masculinidade negra continuam a se sobrepor às identidades que os homens negros possam criar para si próprios. A subcultura radical da virilidade negra que emergiu como resultado natural do ativismo militante antirracista apavorou a nação estadunidense branca e racista. Enquanto os homens negros fossem considerados selvagens incapazes de se colocar acima de sua natureza animal, eles poderiam ser vistos como uma ameaça fácil de ser contida. Era o homem negro que buscava a libertação das correntes do patriarcado supremacista branco capitalista imperialista que devia ser eliminado. Esse homem negro, um potencial rebelde, revolucionário, líder do povo, não devia ter permissão para prosperar.

Mais do que qualquer outro homem negro que já atingiu o poder em nossa nação, Malcolm X incorporou a recusa do homem negro em permitir que sua identidade fosse definida por um sistema de dominação de raça, gênero e classe. Esse foi o exemplo seguido pelos jovens negros nos anos 1960, quando nos esforçávamos para nos educar para a consciência crítica. Estudamos as palavras de Malcolm X, aceitando que ele nos deu permissão para nos libertarmos, para libertar o homem negro a qualquer custo.

Não há menção alguma ao legado de Malcolm X na discussão de Ellis Cose sobre a identidade masculina negra. Os anos turbulentos do black power são lembrados por Cose como marcados pelo assassinato do pantera negra Fred Hampton. Cose recorda: "Para mim, aquela execução dizia muito sobre o valor da vida do homem negro nos Estados Unidos, sobre como as pessoas poderiam facilmente justificar sua extinção. Mas também dizia muito sobre o medo: medo da justa ira de jovens negros; medo do poder em potencial, borbulhando sob o sistema nos corações alienados dos despossuídos". Cabe à narrativa conservadora de Cose ignorar a discussão sobre homens negros que corajosamente descolonizaram suas mentes e inventaram identidades de resistência que transcendem estereótipos. Esses homens negros, como W.E.B. Du Bois e Malcolm X, não viram seu sucesso ou seu fracasso em termos de riqueza e fama. O legado deles diz pouco às massas de homens negros contemporâneos porque eles lutaram para desafiar e mudar o sistema; não estavam apenas tentando fazer com que as coisas funcionassem para si próprios.

Com sabedoria, homens negros radicais entenderam e entendem que o patriarcado supremacista branco capitalista imperialista é um sistema inter-relacionado de dominação que nunca empoderará de maneira plena os homens negros. Neste momento, esse sistema está linchando simbolicamente massas de homens negros, sufocando a vida deles, ao lhes tornar quase impossível o aprendizado de habilidades básicas de leitura e escrita na infância; ao promover o vício como sistema de livre-iniciativa que trabalha para fornecer riqueza inédita para poucos e um consolo breve da dor coletiva para muitos; ao submetê-los ao desemprego generalizado e à contínua atração psicológica a comportamentos masculinos patriarcais que acarretam riscos de morte. Qualquer um que afirme estar preocupado com o destino dos homens negros nos Estados Unidos mas que não fala sobre a necessidade de eles radicalizarem sua consciência para desafiar o patriarcado, se quiserem sobreviver e florescer, está em consonância com o sistema que insiste em manter os homens negros em seu lugar, psicologicamente isolados, bloqueados.

Hoje deve ser óbvio para qualquer pensador e escritor que fale sobre homens negros que a principal ameaça genocida, a força que expõe ao perigo a vida de homens negros, é a masculinidade patriarcal. Por mais de trinta anos, um aspecto do meu ativismo político tem sido trabalhar para educar um público de massa sobre os impactos do patriarcado e do machismo na vida das pessoas negras. Como defensora da política feminista, tenho chamado a atenção consistentemente para a necessidade de os homens criticarem o patriarcado e se envolverem na formação do movimento feminista e na abordagem da libertação masculina. Em um ensaio escrito há mais de dez anos, intitulado "Reconstruindo a masculinidade negra", [publicado em *Olhares negros*,] sugiro que nós "podemos romper com a masculinidade patriarcal sufocante e ameaçadora imposta aos homens negros e criar visões férteis para uma masculinidade negra reconstruída que pode dar aos homens negros formas para salvar suas vidas e as de seus irmãos e irmãs de luta". No entanto, apesar desse trabalho e de outros semelhantes desenvolvidos por Michele Wallace, Gary Lemons, Essex Hemphill e demais defensores da política feminista, não conseguimos influenciar os escritos mais tradicionais sobre masculinidade negra que continuam a reforçar a noção de que tudo o que os homens negros precisam fazer para sobreviver é se tornar melhores patriarcas.

Existe uma recusa pública em enfrentar a realidade de que a situação dos homens negros — jovens e idosos — é agravada pelo conluio de todos aqueles que manifestam preocupação e que, mesmo de maneira oportunista, se colocam à altura do desafio ao lançar luz sobre a masculinidade negra, mas que se recusam a dizer a verdade sobre o que precisa acontecer para alterar tal circunstância. Tanto conservadores quanto radicais parecem ser melhores em falar sobre a situação do homem negro do que em nomear estratégias de resistência que lhes ofereçam esperança e alternativas significativas. Aqueles de nós, mulheres e homens negros, que têm falado sistematicamente a respeito da necessidade de educar para a consciência crítica em diversas comunidades negras sobre o patriarcado e o machismo raramente recebem a atenção do *mainstream* ao discutir a crise da masculinidade negra. Nossos textos não são mencionados nos livros conservadores sobre o assunto.

Quando, no entanto, vou a ambientes negros diversos para dar aulas e palestras, deparo com homens negros de todas as classes na plateia. Ouvindo o que têm a dizer, compartilho a preocupação deles de que estão perdendo terreno, de que a situação está piorando. Não importa quanto chamemos atenção para a crise da masculinidade negra, ainda não há uma resposta coletiva. Um sentimento de desespero ameaça extinguir nossa vontade coletiva de criar uma intervenção positiva em favor dos homens negros. Vejo entre meus colegas um sentimento geral de cansaço, de que "os homens negros simplesmente não entendem isso". De fato, os homens negros que eu conheço mais intimamente parecem não entender. Aos oitenta anos, meu pai ainda está comprometido com o pensamento e a ação patriarcais, embora isso o mantenha isolado emocionalmente de seus entes queridos, embora seu machismo, mais a violência e o abuso que o acompanham, tenha arruinado um casamento de mais de cinquenta anos. Meu irmão, que na infância conseguiu subverter a dominação patriarcal ao permanecer emocionalmente consciente, ainda se esforça para realizar um ideal inatingível de masculinidade patriarcal, enfraquecendo, assim, a agência positiva em sua vida. Muitas vezes ele se sente confuso e desanimado. E os homens negros que amei como parceiros sofreram a devastação do vício dos pais e da negligência emocional. Mesmo sendo homens que trabalham duro, que estão em boas condições financeiras, emocionalmente eles sofrem.

Todos os homens negros que eu amo se veem isolados, segregados de qualquer sentimento de solidariedade de grupo. Eles veem a maioria dos líderes negros como hipócritas ineficazes e oportunistas que buscam ascensão pessoal.

Compartilham com Michele Wallace a ideia de que, "quando você olha para a chamada liderança negra da forma como ela é refletida pela grande mídia, o que vê é um grupo heterogêneo formado pelo narcisista, pelo vagamente ridículo e pelo inepto". Eu digo ao público, sempre que me perguntam sobre a falta de lideranças negras, que há visionários radicais entre nós dispostos a nos conduzir na direção da libertação — e a grande maioria dessas pessoas são mulheres negras. A fidelidade ao pensamento machista sobre a natureza da liderança cria um ponto cego que impede a maioria das pessoas negras de utilizar teorias e práticas de libertação quando estas são oferecidas por mulheres.

Ao se darem conta disso, eu esperava, assim como minhas camaradas negras radicais, que os homens negros que se importam com a situação degradante do homem negro e que são eles próprios defensores do pensamento feminista se esforçassem mais para alcançar os homens negros como grupo. Mas isso não se realizou. Toda vez que encontro um irmão de pensamento radical, encorajo-o a escrever, a compartilhar sua sabedoria com os outros. Muitos dos homens negros que trabalham pelo fim da violência masculina contra mulheres e crianças são especialistas em explicar a crise dos homens negros e encontrar caminhos para a cura, mas sentem que não têm tempo para escrever. Não há nem mesmo um pequeno corpo de literatura antipatriarcal que fale diretamente aos homens negros sobre o que eles podem fazer para se educar para a consciência crítica, que os guie no caminho da libertação.

A ausência desse trabalho confirma a alegação de que a situação dos homens negros não é levada a sério. Um impressionante corpo de literatura surgiu na esteira das lutas de resistência das mulheres negras destinadas a desafiar os sistemas de dominação que nos mantinham exploradas e oprimidas como grupo. Essa literatura ajudou as mulheres negras a se fortalecerem. Como escritora e leitora desse trabalho, sei que ele tem o potencial de mudar vidas para melhor.

Muitas vezes me vejo ponderando sobre as razões pelas quais nenhum corpo de literatura de resistência emergiu de homens negros, nem mesmo daqueles à frente de revistas e editoras. Eles têm controle (ainda que relativo) sobre os meios de comunicação de massa. O fracasso está na falta de radicalização coletiva por parte dos homens negros (os homens negros mais poderosos da mídia são conservadores que apoiam o pensamento patriarcal). As lideranças masculinas negras carismáticas e individuais com consciência radical muitas vezes se tornam tão enamoradas de seu status único de homem negro diferente que deixam de compartilhar as boas novas com outros homens negros. Ou se permitem ser cooptadas: seduzidas pela promessa de maiores ganhos monetários e acesso ao poder convencional, recompensas por transmitirem uma mensagem menos radical.

Como mulher negra que se preocupa com o sofrimento dos homens negros, sinto que não posso mais esperar que os irmãos tomem a liderança e espalhem a palavra. Passei dez anos esperando por isso. E nesses anos o sofrimento dos homens negros se intensificou. Com este livro, espero somar minha voz ao pequeno coro que fala em nome da libertação masculina negra. As mulheres negras não podem falar pelos homens negros. Nós podemos falar com eles. Ao fazê-lo, incorporamos a prática da solidariedade, em que o diálogo é a base do amor verdadeiro.

Recobrei meu amor pela masculinidade negra após uma infância na qual o homem negro de quem eu mais desejava receber amor me considerava desprezível. Felizmente, Daddy Gus, pai da minha mãe, ofereceu-me o amor pelo qual meu coração ansiava. Calmo, terno, gentil, criativo, um homem de silêncio e paz, ele me ofereceu uma visão de masculinidade negra que ia contra a norma patriarcal. Foi o primeiro homem negro radical na minha vida. Ele assentou a fundação. Sempre me envolvendo nos diálogos, sempre apoiando minha ânsia por conhecimento e sempre me encorajando a falar o que penso, eu honro o nosso pacto e as lições da parceria negra masculina e feminina baseada na mutualidade que ele me ensinou ao continuar dialogando com homens negros, ao continuar fazendo o trabalho do amor verdadeiro.

01. patriarcado da plantation[2]

[2] Sistema de exploração colonial baseado no latifúndio e na força de trabalho escravizada, com monocultura de produtos como cana-de-açúcar, café e algodão e exportação para a metrópole. [N.T.]

Ao longo da história, os afro-estadunidenses tivemos de procurar imagens de nossos ancestrais. Quando Ivan Van Sertima publicou seu incrível trabalho *They Came Before Columbus* [Eles chegaram antes de Colombo], contando ao mundo sobre os africanos que vieram para esta terra antes dos colonizadores espanhóis, isso deveria ter criado uma revolução acadêmica, mudando a natureza de como a história estadunidense é ensinada, em particular a história afro-estadunidense. Pessoas negras descolonizadas percebem que as massas de afro-estadunidenses já acreditaram que a ignorância estava no cerne do racismo do branco contra o negro. Depois que a luta militante pelos direitos civis levou a novas formas de conhecimento e essas formas de conhecimento foram sistematicamente ignoradas pelas elites dentro da estrutura de poder, tornou-se evidente que a raiz da supremacia branca não era a ignorância, mas o desejo dos brancos não esclarecidos[3] de manter seu domínio sobre os negros nesta nação e ao redor do mundo. Mesmo quando indivíduos brancos liberais fazem filmes

---

3 Neste caso, como em outros que aparecem no texto, o termo se refere a pessoas não submetidas ao pensamento crítico. [N.E.]

populares como *Amistad* (1997), que oferecem uma compreensão radicalmente diferente do papel desempenhado pelos africanos no chamado novo mundo, a maioria dos cidadãos continua acreditando que a história afro-estadunidense começou com a escravidão.

Os exploradores africanos que chegaram ao "novo mundo" antes de Colombo eram homens. O fato de eles não buscarem submeter e/ou destruir os povos nativos indígenas que viviam nestas costas revela que seu senso de masculinidade não foi definido pela vontade de dominar e colonizar pessoas que não eram como eles. Os africanos fictícios no filme *Amistad* são homens sensatos, espirituais e eruditos que se esforçam para lidar com as maneiras estranhas dos colonizadores brancos. Compare e contraste essa imagem fictícia (uma dramatização baseada em relatos históricos) com a imagem da África, dos africanos e dos afro-estadunidenses interessados em reconhecer suas raízes africanas em filmes como *Feita por Encomenda* (1993) e o mais recente *Com a Cor e a Coragem* (2002). Nesses filmes, o homem negro que está interessado na África é retratado como um palhaço bobo e mentiroso, facilmente enganado por ideias afrocêntricas errôneas. Essas imagens negativas, criadas por homens brancos e negros, ajudam a manter o pensamento supremacista branco.

A maioria das pessoas negras, sobretudo os homens negros que têm influência dentro da indústria cinematográfica tradicional, concentraram sua atenção nas falhas do filme *Amistad*, baseando as críticas no fato de ter sido criado por brancos. Pouquíssimos espectadores estavam dispostos a defender o filme pela representação radical da masculinidade negra e da África ali retratada. No entanto, é esse tipo de representação que deve ser visto pelos espectadores estadunidenses, porque desafia os estereótipos. As reações do público a esse filme dizem muito sobre a luta pelo poder patriarcal travada entre homens negros influentes e homens brancos, a guerra de gênero não identificada que vem ocorrendo desde o fim da escravidão. Quando lemos os anais da história, os escritos autobiográficos de homens negros livres e escravizados, revela-se que inicialmente eles não sentiam que compartilhavam o ponto de vista dos homens brancos sobre a natureza da masculinidade. Homens africanos deslocados, mesmo aqueles vindos de comunidades onde os papéis sexuais moldavam a divisão do trabalho, onde o status dos homens era diferente e na maioria das vezes mais elevado que o das mulheres, tinham de aprender a equiparar seu status superior como homens ao direito de dominar mulheres; tinham de aprender a masculinidade patriarcal. Tinham de aprender que era aceitável usar a violência para estabelecer o poder patriarcal. A política de gênero da escravidão e da dominação da supremacia branca sobre homens negros livres foi a escola na qual homens negros de diferentes tribos africanas, com variados idiomas e sistemas de valores, aprenderam sobre a masculinidade patriarcal no "novo mundo".

Escrevi sobre a evolução do envolvimento dos homens negros na masculinidade patriarcal no ensaio "Reconstruindo a masculinidade negra", em *Olhares negros*:

> Embora as políticas de gênero da escravidão negassem aos homens negros a liberdade de agir como "homens" segundo a definição das normas brancas, essa noção de hombridade se tornou o padrão usado para medir o progresso do homem negro. [...] As narrativas de Henry "Box" Brown, Josiah Henson,

Frederick Douglass e uma série de outros homens negros revelam que eles viam a "liberdade" como uma mudança do status que lhes permitiria desempenhar o papel do patriarca cavalheiresco benevolente. Livres, seriam homens capazes de prover e cuidar de suas famílias. Descrevendo como chorou enquanto assistia a um capataz branco surrar sua mãe, William Wells Brown lamentou: "A experiência me ensinou que nada pode ser mais arrasador para alguém do que ver sua querida e amada mãe ou irmã torturada, ouvir seus gritos e não poder ajudar. Mas essa é a posição que o escravo estadunidense ocupa". Frederick Douglass não sentiu sua masculinidade reforçada pelo progresso intelectual. Ela foi afirmada quando lutou corpo a corpo com um feitor de escravos. Essa luta foi um "momento de virada" na vida de Douglass: "Reacendeu as brasas ardentes da liberdade no meu peito. Trouxe de volta meus sonhos sobre Baltimore e reviveu uma sensação do que significa ser homem. Meu ser foi transformado depois daquela briga. Antes, eu era nada — agora eu sou um homem". A imagem da masculinidade negra que emerge das narrativas de escravidão é a de um homem trabalhador que queria assumir completamente a responsabilidade patriarcal com sua família e seus descendentes.

Esse testemunho mostra que os homens negros escravizados foram socializados por pessoas brancas para acreditar que, ao buscar a liberdade, deveriam se esforçar para se tornar patriarcas a fim de prover e proteger as mulheres negras; para ser patriarcas benevolentes. Patriarcas benevolentes exercem seu poder sem usar a força. E foi essa noção de patriarcado que homens negros instruídos saídos da escravidão procuraram imitar. Contudo, a grande maioria dos homens negros tomou como padrão o modelo dominador estabelecido pelos senhores brancos. Com o fim da escravidão, esses homens negros muitas vezes lançavam mão de violência para dominar as mulheres negras, uma repetição das estratégias de controle empregadas pelos senhores brancos. Alguns homens negros recém-libertos levavam suas esposas ao celeiro para bater nelas, assim como o senhor de escravos um dia havia feito com eles. De fato, quando a escravidão terminou, a masculinidade patriarcal tornou-se um ideal aceito pela maioria dos homens negros, o qual seria reforçado pelas normas do século xx.

Apesar do apoio esmagador de homens negros à masculinidade patriarcal, até mesmo na escravidão houve aqueles raros homens negros que repudiavam as normas impostas por opressores brancos. Os homens negros renegados que ou escaparam da escravidão ou escolheram mudar de condição quando libertados muitas vezes encontraram refúgio entre os nativos americanos, transferindo-se, assim, para culturas tribais em que a masculinidade patriarcal, com sua insistência na violência e subjugação de mulheres e crianças, não era a norma. Casamentos entre mulheres nativas e homens afro-estadunidenses durante a Reconstrução[4] também criaram um contexto para diferentes modos de ser e viver que contrastavam com a vida familiar cristã branca. Nos estados do sul, enclaves de povos africanos que haviam escapado da escravi-

---

[4] Período da história dos Estados Unidos que vai de 1865, com o fim da Guerra de Secessão, a 1877. Foi marcado pela reintegração dos estados que haviam tentado se separar do restante do país e pelo processo (parcial) de integração dos ex-escravizados. [N.E.]

dão ou que se juntaram a quilombolas[5] quando a escravidão chegou ao fim resgataram manifestações culturais africanas que também ofereciam uma subcultura distinta da cultura imposta pela branquitude.

Com percepção crítica aguçada, Rudolph Byrd, coeditor da antologia *Traps: African American Men on Gender and Sexuality* [Armadilhas: homens afro-estadunidenses falam de gênero e sexualidade], apresenta em seu inovador ensaio "The Tradition of John" [A tradição de John] o herói folclórico mitopoético John como uma figura de masculinidade alternativa.

Comprometido com o fim da escravidão e da ideologia da supremacia branca, John é o antagonista supremo do "velho sinhô"[6] e das várias estruturas hegemônicas que este e seus descendentes criaram e, lamentavelmente, que muitos deles talvez ainda valorizem. Nos vários atos de resistência de John se refletem seus valores e atributos mais exemplares: o bom senso, o poder do riso e da música, a autoafirmação, a autoinquirição, o autoconhecimento, a crença de que a vida é um processo fundamentado no campo fértil da improvisação, a esperança e, o mais importante, o amor. E suas aspirações? Nada menos que a total e absoluta emancipação das pessoas negras de todas as espécies de escravidão. Esses são os elementos constitutivos e a aspiração

---

[5] Optamos pelo uso do termo "quilombolas" para designar as pessoas escravizadas que escaparam e resistiram à escravização, formando acampamentos e comunidades independentes. O termo usado no original é *maroons*, derivado do espanhol *cimarrón*, "selvagem", "isolado". [N.E.]

[6] No original, *Old Massa*. *Massa* é uma corruptela de *master* [mestre], supostamente a forma como os escravizados, segundo a historiografia e a literatura, chamavam os senhores de escravos. [N.E.]

que, juntos, compõem a tradição de John. Nestes dias em que as horas *não são suficientes*, é um modo de masculinidade negra baseado em princípios duradouros que possui [...] uma instrumentalidade ampla e vital.

É evidente que os homens negros que criaram estratégias de resistência à escravidão, que traçaram caminhos para a liberdade e inventaram novas vidas para si mesmos e para seu povo estavam agindo na contramão da norma patriarcal supremacista branca. Foram eles que prepararam o terreno para os abolicionistas negros que apoiavam mais liberdade para as mulheres. Alexander Crummell, em seu discurso perante a Freedmen's Aid Society, em 1883, falou em defesa de um programa de elevação racial com foco nas mulheres negras, sobretudo pela via da educação: "O grande número de homens negros nas plantations já é triste e desolador o suficiente, mas o destino da mulher negra tem sido horrível!", disse. "Toda a sua existência, desde o dia em que desembarcou, vítima nua da escravidão, tem sido a imagem da degradação em suas formas mais extremas."

Frederick Douglass se manifestou com frequência pela igualdade de gênero. Na palestra "I Am a Radical Woman Suffrage Man" [Eu sou um homem radicalmente a favor do sufrágio feminino], de 1888, deixou evidente sua posição:

> A proposição fundamental do movimento de sufrágio feminino não é menos simples que a do movimento antiescravagista. Assume que a mulher é ela mesma. Que pertence a si mesma, tão completamente quanto o homem pertence a si mesmo — que ela é uma pessoa e tem todos os atributos de personalidade

que podem ser reivindicados pelo homem, e que seus direitos de pessoa são iguais em todos os aspectos aos do homem. Ela tem o mesmo número de sentidos que distinguem o homem e é, como o homem, um sujeito de governo humano, capaz de compreender a lei, de obedecer a ela e de ser afetada por ela. Ela é capaz de formar um julgamento inteligente quanto ao caráter dos homens públicos e das medidas públicas, e pode exercer seu direito de escolha tanto em relação à lei quanto aos legisladores. [...] nada poderia ser mais simples ou mais razoável que isso.

Os líderes negros do século XIX estavam preocupados com os papéis de gênero, e homens negros extraordinários apoiavam a igualdade de gênero. Martin Delany, por exemplo, enfatizou que ambos os sexos precisavam trabalhar igualmente para a elevação racial. Assim como Douglass, Delany pensava que a igualdade de gênero fortaleceria a raça, não que tornaria as mulheres negras independentes e autônomas. Como coeditores da revista *North Star*, Douglass e Delany publicaram um cabeçalho em 1847 onde se lia: "O direito não tem sexo — a verdade não tem cor". Na reunião de 1848 da National Negro Convention [Convenção nacional do negro], Delany apresentou uma proposta que começava da seguinte forma: "Considerando que acreditamos plenamente na igualdade dos sexos...". Sem dúvida, os homens negros têm um legado histórico em prol da libertação das mulheres no qual se apoiar. Entretanto, havia líderes masculinos negros que se opunham ao apoio de Douglass aos direitos das mulheres. Em "Reconstruindo a masculinidade negra", afirmo que a maioria dos homens negros reconhecia o papel poderoso e necessário que as mulheres negras haviam desempenhado como guerreiras da liberdade no esforço de abolir a escravidão, embora ainda quisessem que elas fossem subordinadas a eles. Explicando um pouco melhor,

> queriam que as mulheres negras se conformassem às normas estabelecidas pela sociedade branca. Queriam ser reconhecidos como "homens", como patriarcas, pelos outros homens, incluindo os brancos. Contudo, não podiam assumir essa posição se as mulheres negras não estivessem dispostas a se conformar com as normas de gênero machistas predominantes. Muitas mulheres negras que haviam suportado a dominação patriarcal supremacista branca durante a escravidão não queriam ser dominadas por homens negros depois da alforria. Como os homens negros, elas tinham posições contraditórias em relação ao gênero. Por um lado, não queriam ser "dominadas", mas, por outro, queriam que os homens negros fossem provedores e protetores. Depois que a escravidão acabou, uma tensão enorme e conflitos emergiram entre as mulheres e os homens negros como indivíduos lutando para se autodefinir. Enquanto trabalhavam para criar padrões para a comunidade e para a vida familiar, os papéis de gênero continuavam a ser problemáticos.

Essas contradições se tornaram a norma na vida negra.

No início do século XX, pensadores e líderes negros estavam, assim como seus correspondentes brancos, debatendo a questão da igualdade de gênero. O intelectual e ativista W.E.B. Du Bois, ao escrever em nome dos direitos das mulheres negras em 1920, declarou: "Não podemos abolir a nova liberdade econômica das mulheres. Não podemos prender as mulheres de novo em uma casa ou exigir que todas elas, sob pena de morte, sejam enfermeiras e empregadas domésticas. [...] A elevação das mulheres é, ao lado do problema racial e do movimento pela paz, nossa maior causa moderna". Influenciado pelo trabalho da ativista antimachista negra Anna Julia Cooper, Du Bois nunca hesitou na crença de que as mulheres negras deveriam ser vistas como coiguais a homens negros. Apesar do exemplo brilhante de Du Bois, que sempre apoiou os direitos das mulheres em geral, os homens negros pareciam entender a necessidade de participação das mulheres negras como coiguais na luta pela elevação racial, mas com a compreensão implícita de que, uma vez alcançada a liberdade, elas ocupariam seu lugar "de direito", subordinadas à vontade superior dos homens. De acordo com as normas machistas, as pessoas negras machistas acreditavam que "a escravidão e o racismo buscavam a emasculação dos homens afro-estadunidenses" e que era responsabilidade das pessoas negras se opor a isso. Além disso, achavam que as mulheres negras deveriam "encorajar e apoiar a masculinidade de nossos homens".

Como editora da Women's Page [Página da mulher] do jornal *Negro World*, Amy Jacques Garvey, esposa do pensador radical Marcus Garvey, escreveu:

> Estamos cansadas de ouvir os homens negros dizerem: "Um dia melhor há de chegar", enquanto eles nada fazem para [nos] conduzir a esse tal dia. Estamos ficando tão impacientes que estamos nos posicionando na linha de frente e notamos que deixamos de lado os hesitantes e covardes líderes negros. [...] Sr. Homem Negro, olhe por onde anda! [...] Fortaleça seus joelhos trêmulos e avance, ou nós o substituiremos e assumiremos a liderança até a vitória e a glória.

Essa passagem nos dá uma boa indicação do fato de que mulheres negras instruídas se esforçavam para reprimir seu poder a fim de ficar atrás de seus homens, mesmo que questionassem continuamente essa posição. O foco da militância das defensoras dos direitos das mulheres no fim do século XIX, como Anna Julia Cooper, era a necessidade de as mulheres negras terem igual acesso à educação e às formas de poder, sobretudo ao poder econômico.

Ao longo do século XX, homens negros e mulheres negras debateram questões de igualdade de gênero. A recusa do patriarcado supremacista branco capitalista em permitir que homens negros tivessem pleno acesso ao emprego, enquanto ofereciam às mulheres negras um lugar na economia de serviço, criou um contexto no qual homens negros e mulheres negras não podiam se adequar aos padrões machistas em relação ao trabalho, mesmo se assim desejassem. Foi a participação de mulheres negras na força de trabalho que levou à noção de que elas seriam "líderes matriarcais" em casa. Na realidade, porém, as trabalhadoras negras geralmente entregavam seu salário aos homens que ocupavam o espaço patriarcal de liderança no lar. O simples fato de trabalhar não significava que as mulheres negras fossem livres. Os papéis de gênero que as pessoas negras produziram nos anos 1920, 1930 e 1940 eram complexos; não se tratava de um mundo simples de mulheres negras trabalhando e, portanto, exercendo poder em casa. Muitas pessoas negras contemporâneas esquecem que, no início do século XX, as pessoas negras tendiam a viver com parentes distantes. Uma mulher negra que trabalhasse como camareira, empregada doméstica, lavadeira etc. era muito mais propensa a entregar seu dinheiro ao bem coletivo ao invés de usá-lo para si.

Apesar de os críticos sociais que estudam a vida negra terem enfatizado a noção de que os homens negros eram simbolicamente castrados porque as mulheres negras cumpriam, muitas vezes, o papel de principal provedora da casa, eles também chamam atenção para a realidade da mulher negra que trabalha abrindo mão de seus ganhos. Nem todas as famílias negras se preocupavam com o fato de as mulheres negras ganharem mais, desde que os homens negros controlassem esses ganhos. E agora que a vasta maioria das mulheres brancas neste país trabalha e muitas delas ganham mais do que seus cônjuges brancos, a evidência está aí para confirmar que os homens estão menos preocupados com quem ganha mais, e mais com quem controla o dinheiro. Se o homem controla o dinheiro, mesmo que sua esposa seja rica, as evidências sugerem que ele não se sentirá emasculado. Homens negros e mulheres negras sempre tiveram uma diversidade de papéis de gênero, com alguns homens negros desejando ser patriarcas e outros se afastando desse papel. Muito antes de a teoria feminista contemporânea falar sobre o valor da participação masculina na parentalidade, a ideia de que os homens podiam ficar em casa e criar filhos enquanto as mulheres trabalhavam já havia sido comprovada na vida dos negros.

Mulheres e homens negros nunca foram elogiados por terem criado uma diversidade de papéis de gênero. Vou repetir aqui os argumentos que expus, há mais de dez anos, no primeiro ensaio que escrevi sobre masculinidade negra:

> Sem insinuar que homens e mulheres negras viviam numa utopia de gênero, estou sugerindo que os papéis de gênero negros, e particularmente o papel dos homens, eram muito mais com-

plexos e problematizados na vida negra do que se acredita. Esse era o caso, especialmente, de todas as pessoas negras que viviam em bairros segregados. A integração racial teve um impacto profundo nos papéis de gênero. Ajudou a promover um clima em que a maioria das mulheres e dos homens negros aceita as ideias machistas sobre os papéis de gênero. Infelizmente, muitas mudanças aconteceram na forma como as pessoas negras pensam sobre gênero, ainda que essa mudança de ponto de vista não tenha sido totalmente registrada. Por exemplo: em que medida o movimento pelos direitos civis, com sua definição de que liberdade é ter igualdade de oportunidades com os brancos, permite olhar para os papéis de gênero brancos como uma norma que as pessoas negras deveriam imitar? Por que foi mostrado tão pouco interesse positivo nos estilos de vida alternativos dos homens negros? Em toda comunidade negra nos Estados Unidos há homens negros casados, solteiros, gays, heterossexuais, vivendo em lares nos quais não reafirmam a dominação patriarcal e, ainda assim, vivem vidas completas, nas quais não estão sentados se preocupando com castração. É necessário enfatizar mais uma vez que os homens negros que estão mais preocupados com castração e emasculação são aqueles que absorveram as definições patriarcais supremacistas brancas de masculinidade.

As pessoas negras começam a demonstrar mais apoio ao patriarcado à medida que mais direitos civis são conquistados e as contribuições das mulheres negras para a luta pela libertação negra não são mais vistas como essenciais e necessárias.

De modo significativo, quanto mais o mundo patriarcal branco começa a voltar seu olhar crítico para as famílias negras, mais comum se torna a crítica negativa às mulheres negras. Era uma norma aceita que, dadas as políticas de supremacia branca e injustiça racial, as mulheres negras lutariam igualmente com homens negros em todas as frentes para garantir a elevação racial. No início do século xx, o Departamento do Censo dos Estados Unidos emitiu um alerta sobre a natureza das famílias negras, chamando atenção para o fato de que, embora tivessem filhos, as mulheres afro-estadunidenses eram desproporcionalmente abandonadas por seus maridos, ou nunca haviam se casado. Quando E. Franklin Frazier publicou seu estudo *The Negro Family in the United States* [A família negra nos Estados Unidos], em 1939, considerado inovador na época em que foi escrito, ele procurou destacar a diversidade de arranjos matrimoniais e de parcerias que as pessoas negras estavam construindo, bem como o impacto de classe nas relações familiares de pessoas negras. Frazier foi um dos primeiros acadêmicos a jogar luz sobre a maneira como as barreiras racistas às pessoas negras, assumindo papéis definidos por gênero, afetaram o casamento e as famílias negras, porque isso levou a uma falta de interesse em sustentar famílias biparentais. No entanto, Frazier nunca sugeriu que esses arranjos estivessem emasculando homens negros.

Muitos homens eram tão desinteressados nos papéis machistas tradicionais quanto as mulheres, ou até mais. E, ao contrário dos homens brancos, os homens negros não tinham uma moralidade institucionalizada de influência patriarcal que os faria se sentir menos masculinos se abandonassem a família. Nos anos 1950, a maioria das pessoas negras estava tentando se adequar às normas patriarcais de casamento e família. Apenas 17% das famílias negras eram chefiadas por mulheres, e casas com pai e mãe presentes eram a norma.

Com limitações, as mulheres negras podiam encontrar trabalho na indústria de serviços quando não havia empregos disponíveis para os homens negros, o que significava que elas geralmente eram as principais provedoras da família.

Não há registros que permitam dizer se as massas de homens negros vindos de uma história de escravidão, em que o trabalho era compulsório e muitas vezes brutal, viam o trabalho como crucial para sua identidade masculina. Homens negros escolarizados que imitavam hábitos e costumes de homens brancos de classe média e alta eram pouco numerosos; ao contrário de seus irmãos negros mais pobres e analfabetos, eles eram obcecados pela noção de proteger e sustentar suas famílias. Certamente, muitos homens negros se adaptaram à realidade da supremacia branca oferecendo empregos subalternos para mulheres negras, ao mesmo tempo que negavam emprego a homens negros sem internalizar a culpa por essa situação ou projetá-la nas mulheres negras. Julius Lester escreveu sobre esse espírito de resistência às normas brancas em *Look Out, Whitey! Black Power's Gon' Get Your Mama* [Cuidado, branquelo! O poder negro vai pegar sua mãe]:

> É parcialmente verdade que os negros aceitaram a imagem que o homem branco fez deles. É também verdade, porém, que eles resistiram a aceitar essa imagem. Não é exagero dizer que a história dos negros nos Estados Unidos é uma história de resistência. Mas essa resistência permaneceu, na maior parte, desorganizada, daí a dificuldade em reconhecer a luta constante que vem ocorrendo. (A resistência na vida das pessoas negras ficou pouco conhecida nos Estados Unidos porque o racismo existente neste país não permite nenhuma outra visão dos negros exceto a

visão racista. Quando outras visões são apresentadas, o racismo impede sua aceitação — a menos, é claro, que essas outras visões sejam articuladas por brancos.)

Era do interesse do racismo que as pessoas brancas ignorassem aspectos positivos da vida negra, particularmente qualquer movimento que se distanciasse do machismo. Era fundamental para a autoestima masculina branca depreciar a masculinidade negra não convencional, afirmando que esses homens eram castrados.

Quando o governo dos Estados Unidos analisou criticamente as famílias negras e Daniel Patrick Moynihan publicou seu relatório *The Negro Family* [A família negra], de 1965, o Estado supremacista branco capitalista imperialista era a voz da autoridade postulando a noção de que as mulheres negras, por serem matriarcas, haviam emasculado homens negros; logo, participar das forças armadas unindo-se aos militares era uma forma de os homens negros reivindicarem seu status patriarcal. O discurso da emasculação retirou a responsabilidade da supremacia branca pela opressão masculina negra e a colocou sobre as mulheres negras. Os costumes machistas, que encorajaram o ódio às mulheres, influenciaram os homens negros a responsabilizar as mulheres negras por seus infortúnios. Na verdade, mesmo que todas as negras tivessem deixado de trabalhar para defender seus homens, a discriminação racista e a exploração ainda tornariam impossível para os homens negros serem patriarcas. Vale notar que o relatório de Moynihan chegou a tempo de reforçar a noção de que era importante para os homens negros lutar nas guerras imperialistas. Retrospectivamente, é fácil ver a razão pela qual o

Estado ajudou a agitar o conflito de gênero entre mulheres e homens negros, uma vez que se preparava para entrar em vários conflitos ao redor do mundo. Em 2003, pouco antes de os Estados Unidos declararem guerra ao Iraque, a revista *Newsweek* publicou uma série de artigos sugerindo que as mulheres negras estavam emasculando os homens negros em decorrência do fato de elas serem dominantes no âmbito da educação e do trabalho.

Ironicamente, o Estado supremacista branco capitalista imperialista, que afirmava que a família negra seria mais saudável se os homens negros fossem chefes de família, não hesitou em afastar os homens do lar e enviá-los para a guerra, longe de suas famílias, para sacrificar a vida por um país que lhes negava uma cidadania plena. O relatório de Moynihan não criou o conflito de gênero na vida negra; ele simplesmente validou as crenças machistas de muitos homens afro-estadunidenses e, em grande medida, legitimou seus esforços para subjugar mulheres negras. Ao mesmo tempo que homens brancos não esclarecidos atacavam famílias negras por não serem chefiadas por homens patriarcais fortes, mulheres brancas (junto com mulheres negras) lideravam o movimento de libertação das mulheres, que anunciou a recusa delas em permanecer subordinadas e proclamou o desejo que elas nutriam de ser iguais aos homens da sua classe. Muito pouco se escreve sobre até que ponto a imagem de emasculação que homens brancos racistas projetavam sobre homens negros era indicativa dos sentimentos de impotência que muitos homens brancos sentiam em seus relacionamentos com mulheres brancas poderosas. Embora Moynihan sugerisse que os homens negros haviam sido emasculados, na realidade muitos deles estavam afirmando que preferiam ser playboys a provedores. Homens brancos atacavam homens negros nos anos 1960 por não cumprirem o papel patriarcal quando se tratava de trabalho e família, e homens negros diziam aos homens brancos que a sexualidade era o único lugar onde a masculinidade importava — e ali o homem negro reinava. Por um lado, alguns homens brancos acusavam homens negros de serem castrados; por outro lado, outros homens brancos invejavam os homens negros por se recusarem a abraçar de coração a norma machista.

Os homens brancos que buscavam alternativas à masculinidade patriarcal recorreram a homens negros, sobretudo artistas e músicos, para conhecer novas definições de masculinidade. Escrevendo sobre seu fascínio pela masculinidade negra no ensaio "My Negro Problem — And Ours" [O meu problema preto — e o nosso], de 1963, Norman Podhoretz asseverou: "Assim como na infância invejei os pretos pelo que me parecia ser superioridade masculina, eu os invejo hoje pelo que parece ser sua graça física e beleza superiores". A masculinidade negra, tanto outrora quanto hoje, é vista como a incorporação quintessencial do homem como "forasteiro" e "rebelde". Os homens negros tinham acesso ao fator "da hora"[7] que os homens brancos tanto desejavam. Adotando essa visão de homem negro da hora no ensaio "American Sexual Reference: Black Male" [Referência sexual estadunidense: o homem negro], de 1960, Amiri Baraka afirmou: "Os homens brancos estadunidenses são treinados para serem bichas", e

---

7 Em concordância com o título desta obra, o adjetivo *cool* será traduzido por "da hora" ou "legal", a depender do contexto dado pela autora. [N.T.]

lançou a seguinte pergunta: "Você reconhece a suavidade do homem branco, a fraqueza?". Esse ataque (e outros semelhantes) à masculinidade branca era comum entre militantes black power. Não era uma crítica ao patriarcado. Era um chamado às armas em que os homens negros afirmavam que os homens brancos não cumpriam o ideal primordial da virilidade patriarcal porque dependiam da tecnologia em vez da força bruta para afirmar seu poder. E, mais importante, os anos 1960 eram o momento em que os homens negros declaravam estar conectados a homens brancos, irmãos sob a pele, ligados pela masculinidade, por uma aliança comum com o patriarcado.

Quando os homens negros começaram a adotar completamente a masculinidade patriarcal em nome do "poder negro", o movimento histórico de elevação racial enraizado na não violência e na igualdade de gênero foi implacavelmente enfraquecido. Se de um lado a perspectiva não convencional da masculinidade proporcionou aos homens negros uma base alternativa para a construção de uma autoestima saudável, de outro a adoção da masculinidade patriarcal significava que a maioria dos homens negros contra a norma seria formada por sub-homens, fracassados, incapazes de realizar o ideal. Tal pensamento teve como consequência graves distúrbios psicológicos e doenças. Tragicamente, os homens negros como um todo começaram, nesse ponto da história de nossa nação, a culpar as mulheres negras por seu destino. Essa acusação acendeu as chamas de uma guerra de gênero tão intensa que praticamente consumiu a memória histórica de mulheres e homens negros que trabalhavam juntos pela libertação, criando amor na família e na comunidade. Ela praticamente destruiu, a ponto de deixá-la irreconhecível, a representação de um homem negro alternativo em busca de liberdade para si mesmo e seus entes queridos, um homem negro rebelde, ansioso por criar e seguir seu próprio destino. Essa é a imagem do homem negro que deve ser recuperada, restaurada, para que possa ser o exemplo da masculinidade revolucionária.

02. cultura *gangsta*:[8] participação nos lucros

[8] Termo derivado de gângster, membro de gangue, criminoso. [N.E.]

Assim como algumas mulheres brancas não esclarecidas apoiaram o movimento feminista só até os homens brancos lhes concederem uma participação nos lucros, um pedaço da torta do poder monetário, homens negros não esclarecidos apoiaram a libertação negra apenas até que lhes fosse oferecida a sua fatia. Após o massacre de homens negros radicais, a devastação emocional do assassinato da alma e do corpo, muitas pessoas negras se tornaram céticas em relação à liberdade. Elas queriam algo mais tangível, um objetivo que pudesse ser alcançado. Historicamente, o objetivo que os homens negros definiram como necessário para a restauração de sua masculinidade patriarcal era o pagamento igual por trabalho igual [entre brancos e negros]. Antes do movimento black power, a maioria dos homens negros queria empregos, ou seja, a visão dos direitos civis básicos; queriam poder econômico para prover a si mesmos e suas famílias.

Os militantes black power eram implacáveis em suas críticas ao capitalismo. Eles desmascararam a corrupção na força de trabalho nos Estados Unidos anunciando ao homem negro que não importava se ele tinha ou não um emprego legítimo que lhe desse valor aos olhos das pessoas brancas, uma vez que nada sob o sistema capitalista era legítimo. Dentro desse sistema, todos os negros eram ladrões, todos eram gângsteres, todos eram corruptos. Essa era a luta que Lorraine Hansberry, em sua peça *A Raisin in the Sun*,[9] previu profeticamente. A crítica Margaret Wilkerson explica, em sua introdução à antologia das últimas peças de Hansberry, que um conflito sobre o tipo de masculinidade que os homens negros escolheriam foi travado em *A Raisin in the Sun*. Em vez de usar o dinheiro do seguro para melhorar suas condições de moradia e educação, o protagonista da peça, Walter Lee, cansado de trabalhar como motorista, deseja ganhar dinheiro fácil investindo em uma loja de bebidas.

Descrevendo a luta interna do personagem, Wilkerson afirma que ele "acredita que o próprio dinheiro é sinônimo de vida". De fato, quando sua mãe lhe pergunta: "Desde quando o dinheiro se tornou vida?", Lee responde: "Sempre foi vida... nós simplesmente não sabíamos disso". Ao aprender a jogar o jogo com o exemplo dos homens brancos, ele acredita no que Wilkerson chama de uma noção popular de masculinidade segundo a qual "a posse de dinheiro e as coisas que ele pode comprar farão dele um homem aos olhos de sua família e da sociedade". Dividido entre o legado paternal de masculinidade patriarcal benevolente (e a ética de trabalho que acompanha esse legado) e a ânsia de poder enraizada na vontade de dominar e conquistar, Lee, de acordo com Wilkerson, está disposto a "sacrificar seu orgulho e sua integridade por valores mercenários". Walter Lee explica o relacionamento da

---

[9] Adaptada para o cinema em 1961 e para a televisão em 2008, traduzida como *O Sol Tornará a Brilhar*. [N.E.]

nova geração com o dinheiro: "Não há motivos — não há nada além de tomar conta deste mundo, e aquele que mais toma é o mais inteligente — e não faz diferença nenhuma como ele conseguiu isso". Wilkerson vê a peça dramatizando uma luta entre "valores humanos e integridade, que forçam a mudança em um mundo onde o valor humano é medido pelo dólar". É a luta entre uma versão mais antiga do patriarcado e uma nova versão que é excessivamente informada pela realidade do capitalismo avançado. Na versão antiga, o homem como trabalhador, provedor, chefe patriarcal do lar tem importância; na nova versão, o homem como trabalhador é um escravo ou um trabalhador barato. Mesmo que trabalhe, ele não ganha o suficiente para chefiar uma casa, e como trabalhador ele pode ser substituído. Na peça *A Raisin in the Sun*, Walter Lee é capaz de resistir à sedução do materialismo hedonista. Entretanto, no final dos anos 1960 e início dos anos 1970, a maioria dos homens negros escolheu identificar seu bem-estar, sua masculinidade, com o ato de ganhar dinheiro a qualquer custo.

Embora fosse um anticomunista feroz, Martin Luther King advertia constantemente os negros sobre os perigos ligados ao materialismo hedonista e ao consumismo. No ensaio "Paul's Letter to American Christians" [Carta de Paulo aos cristãos estadunidenses], dirigido a seus concidadãos, King declara:

> Eu entendo que vocês têm um sistema econômico na América conhecido como capitalismo, através do qual vocês realizaram maravilhas. Vocês se tornaram a nação mais rica do mundo e construíram o maior sistema de produção que a história já conheceu. Tudo isso é maravilhoso. Mas, estadunidenses, existe o perigo de vocês abusarem desse capitalismo. Eu ainda afirmo

que o amor ao dinheiro é a raiz de muito mal e pode fazer um homem se tornar um materialista grosseiro.

As advertências proféticas de King caíram em ouvidos moucos. O convite para participar de um trabalho capitalista competitivo e lucrativo, quando feito pelo Estado patriarcal supremacista branco capitalista imperialista, seduziu massas de pessoas negras, afastando-as da luta de resistência pela libertação. Assim como muitos radicais brancos passaram pelos turbulentos anos 1960 e 1970 apenas para descobrir, ao final de sua jornada, que eram incapazes de realmente abrir mão do acesso ao dinheiro e ao poder na estrutura social capitalista existente (que haviam criticado com tanta persistência quanto os militantes negros), as pessoas negras estavam abraçando o capitalismo de todo o coração. A conservatização dos radicais dos anos 1960 começou com a adoção de um *éthos* de ganância, segundo o qual ter dinheiro o bastante para ser autossuficiente não importa; importa ter dinheiro em excesso para desperdiçar, esbanjar. Assim como ocorreu com seus correspondentes brancos, um *éthos* de ganância começou a permear a psique das pessoas negras.

Um número significativo de militantes black power, homens e mulheres, estava entre a primeira geração de jovens negros a serem educados em ambientes universitários predominantemente brancos. Nesses contextos, muitos de nós aprendemos pela primeira vez que os valores de honestidade, integridade e justiça ensinados por nossos pais e familiares no mundo negro não conduziam ao sucesso no mundo em que havíamos entrado, o mundo da cultura branca dominante. Esse é precisamente o conflito que Walter Lee tem com sua mãe, Lena Younger, em *A Raisin in the Sun*. Ele tenta explicar à mãe que os valores caros a ela (ser uma pessoa íntegra e honesta, compartilhar recursos, priorizar objetivos humanistas sobre os materiais) não são os valores que levam ao êxito econômico em uma sociedade capitalista. Enfrentar essas contradições e a desilusão psicológica que elas criaram serviu de catalisador para que muitas pessoas negras, recém-formadas na escola branca, primeiro se afastassem com desprezo do capitalismo e então se voltassem a ele, ansiosas para participar de uma economia corrupta, dispostas a estar ao lado daqueles que exploram, e não dos explorados. Uma análise da biografia de indivíduos da elite instruída e/ou intelectuais orgânicos do black power revelaria quantos deles mudaram de posição. Antes brilhantes críticos da supremacia branca e do capitalismo, passaram a assimilar a branquitude e se esforçar para obter dinheiro de qualquer forma (vendendo drogas, criando moda etc.).

Uma vez que o dinheiro, e não a realização de uma ética de trabalho baseada na integridade e nos valores éticos, se tornou a única medida do homem, mais homens negros poderiam entrar no jogo. Enquanto as apostas fossem empregos respeitáveis, trabalho que os levaria à cultura de dominação, os homens negros não teriam chance de vencer as probabilidades. Quando o dinheiro se tornou o objetivo, homens negros ganharam essa chance. Em comunidades negras, estar sedento por dinheiro, mesmo que isso significasse mentir e trapacear, tornou-se mais aceitável desde que isso botasse comida na mesa. Uma mudança nos valores de classe ocorre na vida negra quando a integração chega, e, junto com ela, a ideia de que o dinheiro é o principal marcador do sucesso individual, e não a forma como alguém adquire dinheiro. Essa visão de mundo mudou a dinâmica do trabalho nas comunidades negras. Homens negros que mostravam ter dinheiro (não importa como o adquirissem) poderiam estar entre os poderosos. Foi graças a esse pensamento que negociadores ilegais em comunidades negras passaram a ser considerados tão esforçados quanto seus pares de Wall Street. Escrevendo sobre a prática da bandidagem em *Look Out, Whitey!*, Julius Lester explica:

> Hoje, a resistência se manifesta naquilo que os brancos só podem ver como os "males sociais" do gueto, ou seja, o crime, a evasão escolar, o desemprego etc. Na verdade, muitos negros se rebelaram conscientemente contra o sistema e desistiram. Afinal, por que desperdiçar sua vida trabalhando em um emprego que você odeia, recebendo quase nada, quando você ganha mais dinheiro com metade do esforço? Então, uma nova classe é criada, a pessoa que joga, administra números, vende drogas, explora mulheres e faz qualquer coisa para evitar encarar o chefe cinco dias por semana, ano após ano. É uma vida perigosa, dura e nada bonita, mas tem alguma compensação: você ganha um mínimo de autorrespeito e o respeito de um bom segmento da comunidade.

O desenvolvimento de uma economia de drogas vibrante, mas mortal, veio à tona na vida dos negros e foi aceita justamente porque essa era (e ainda é) uma atividade ilegal que rende dinheiro — muito dinheiro.

Peculiarmente posicionados para aceitar a desvalorização da ética do trabalho, os homens negros cujo trabalho bruto havia ajudado a construir a base do capitalismo avançado nesta sociedade nunca tinham recebido um salário digno. O trabalho nunca foi para eles o terreno em que sua masculinidade patriarcal poderia ser afirmada. Meu pai foi um patriarca negro dos anos 1950. Trabalhou duro como zelador em uma agência dos correios. Aceitou sem protestar ou denunciar a discriminação racial nos salários (até as leis mudarem) e aceitou que os brancos o tratassem com desrespeito todos os dias. Proveu sua família. Mamãe nos ensinou a respeitar e admirar essa capacidade de prover, chamando atenção para as famílias negras que não tinham um homem provedor. Meus pais e outros casais negros como eles (os pais trabalhadores de Hansberry, por exemplo) eram os protótipos da vida real em que se baseava a caracterização de pai e mãe em *A Raisin in the Sun*. O pai do meu pai foi meeiro escravizado nos campos do homem branco com baixa remuneração. O pai de minha mãe fazia trabalhos ocasionais: limpava pátios e jardins, vendia minhocas para pesca. Em ambos os casos, suas esposas se dedicavam aos serviços de casa para que eles trouxessem renda para a família.

Os patriarcas da geração de meu pai tinham desprezo pelas novas gerações de homens negros que só se preocupavam em ganhar dinheiro. Em seu livro de memórias *Makes Me Wanna Holler: A Young Black Man in America* [Isso me faz querer gritar: um jovem negro nos Estados Unidos], Nathan McCall relembra, no capítulo sobre trabalho:

> Parecia que meus irmãos e eu encarávamos tudo na vida de maneira diferente da do nosso velho. Nós representamos duas gerações de negros que surgiram em lugares e tempos muito distintos. Vindo do extremo sul, meu padrasto acreditava que você tinha que ignorar toda a merda que as pessoas brancas espalha-

vam por aí e aprender a engolir o orgulho em nome da sobrevivência. Talhado nos moldes dos direitos civis, ele acreditava que os negros poderiam superar o racismo trabalhando duro e se contentando com o pouco que tinham.

Homens como meu pai, como o padrasto de McCall, acreditam não apenas no trabalho, mas que há algo na vida além de ganhar dinheiro. Acreditam que se pode ter uma vida significativa mesmo ganhando pouco.

Tanto Martin Luther King quanto Malcolm X eram homens que viviam sem excesso de dinheiro. Malcolm X, na verdade, desistiu de uma vida de bandidagem, com dinheiro e poder, para se tornar um homem íntegro. Em *Look Out, Whitey!*, Lester atenta para o fato de que qualquer bandido desistiria do seu modo de vida "se ele pudesse encontrar outra maneira de manter a dignidade". Infelizmente, conforme a economia piorava e o desemprego se tornava realidade em todas as classes, os homens negros, enquanto coletivo, não obtiveram maior acesso a empregos melhores e salários dignos. Os homens negros desmoralizados que não conseguiam obter os tipos de emprego que afirmariam sua masculinidade patriarcal poderiam então se sentir mais confortáveis com um sistema que valorizasse a aquisição de dinheiro como o padrão do valor masculino patriarcal. Em alguns casos, os homens negros poderiam ganhar dinheiro usurpando quantias das esposas e namoradas ou com a prostituição de mulheres.

Há muito poucos estudos sobre as atitudes em relação ao trabalho que moldaram o pensamento coletivo dos homens negros. Mais do que qualquer outro grupo de homens nesta nação, os homens negros compreenderam na prática o que significa a escravidão assalariada. Eles têm sido muito menos propensos do que outros grupos de homens a acreditar que o emprego resultará em autoestima e autorrespeito. Homens negros não estão entre aqueles grupos de trabalhadores que Susan Faludi apresentou em *Stiffed: The Betrayal of the American Man* [Passado para trás: a traição do homem estadunidense] ao descrever homens nos anos 1980 e 1990 concordando, pela primeira vez, sobre o fato de que a masculinidade patriarcal não estava sendo afirmada na área do trabalho. Faludi lamenta que "havia algo quase absurdo naqueles homens lutando, semana após semana, para se reconhecerem como dominadores enquanto eles próprios estavam sendo tão explicitamente dominados". Os homens, quase todos brancos, descritos por Faludi estão experimentando algo que a maioria dos homens negros já vive, desde a escravidão até os dias atuais: a desilusão com o mito do trabalho como acesso à masculinidade patriarcal. Faludi conclui seu longo estudo sugerindo que os trabalhadores marginalizados (mais uma vez, ela se concentra quase exclusivamente em trabalhadores brancos) podem ser forçados pelas circunstâncias a se aventurar fora da "rota convencional" para encontrar "um caminho melhor para uma masculinidade significativa". Se tivesse se concentrado seriamente em homens negros trabalhadores, Faludi teria encontrado exemplos de homens desempregados, de trabalhadores que receberam baixos salários durante uma vida inteira de labuta, e que fizeram exatamente isto: criaram alternativas significativas.

Os esportes profissionais têm constituído uma área de trabalho alternativa para muitos homens negros. Nesse mundo, o corpo negro masculino outrora usado e abusado em um mundo de labor baseado na força bruta pode ser transformado; elegância e graça podem se tornar os significantes identificadores do trabalho de alguém. Historicamente, entrar no mundo dos esportes profissionais era um esforço profundamente político para os homens negros. Se você quisesse fazer parte dessa realidade, teria de estar disposto a lutar contra as fronteiras raciais, e não havia como escapar do aspecto político. De Joe Louis a Muhammad Ali, de Wilt Chamberlain a Kareem Abdul-Jabbar, o esporte profissional era um local onde muitos homens negros recebiam sua primeira educação para a consciência crítica sobre a política da raça e dos corpos negros masculinos. A prática de esportes profissionais era uma área de trabalho primordial para os homens negros, tanto para afirmar a masculinidade patriarcal ou uma individualidade baseada no humanismo quanto para ganhar dinheiro. Hoje essa área tornou-se tão corrompida pela política da ganância materialista que raramente é um espaço no qual pode emergir uma masculinidade alternativa, enraizada na dignidade e na autenticidade. No entanto, foi nela que atletas negros talentosos, como Muhammad Ali, ousaram forjar masculinidades alternativas e afirmar uma identidade masculina negra distinta do estereótipo. Ao escrever sobre o mundo do boxe, Eldridge Cleaver declarou: "O ringue é o foco supremo da masculinidade nos Estados Unidos, o campo de testes da virilidade, e o campeão de pesos-pesados, como símbolo, é o verdadeiro Sr. Estados Unidos". Muhammad Ali recusou-se a aparecer como o homem primitivo estadunidense ideal; ele ridicularizou a masculinidade patriarcal, expondo-a como algo que não passava de pose e atitude vazias.

Se os padrões patriarcais da masculinidade valorizavam o silêncio e a falta de emoção, Ali tinha a audácia de falar em voz alta, de ser ousado e barulhento e expressar suas emoções, incorporando alegria, rindo, permitindo-se ficar triste, sentir dor e expressar mágoa. Fotografias capturam Ali sorrindo, abraçando outros homens negros, ousando estar fisicamente próximo deles. Na minha mesa, tenho a imagem de Ali abraçando sua mãe, mostrando seu amor por ela — tudo que um homem patriarcal não deveria ser e fazer. Ali libertou seu menino interior e nos arrebatou com sua risada, sua generosidade de espírito, seu coração. Externalizou o humor que se esperava que um macho devesse reprimir e recusar.

O mundo branco não esclarecido — que permanece empenhado em perpetuar e manter os estereótipos racistas, embora em um nível mais sofisticado do que no passado — estaria muito mais satisfeito com um Muhammad Ali reduzido à força bruta, sem a inteligência afiada e a sagacidade crítica que caracterizaram seu poder como um atleta negro politizado que se atreveu a descolonizar sua mente. Um Ali reduzido a símbolo silencioso de força bruta e sem uma voz inteligente gera dinheiro. Na mente dos brancos racistas, Ali hoje é um símbolo do homem negro castrado, o eunuco que vem quando seu mestre chama. Por essa razão, é ainda mais vital que as pessoas negras e nossos aliados na luta mantenham viva a memória das palavras e da visão de Ali como um defensor do espírito humano trabalhando em prol da libertação dos explorados e oprimidos. Esse é o poderoso legado deixado por Ali, a identidade masculina alternativa.

Quando os homens negros não conseguiram alcançar o mundo dos esportes, eles olharam para o mundo da música como um espaço de possibilidade, um espaço onde a masculinidade alternativa poderia ser expressa. De fato, a cultura musical do blues e do jazz teve suas raízes na busca do homem negro por uma vocação que exigiria criatividade e daria sentido ao seu trabalho. Em *Look Out, Whitey!*, Lester explica:

> O músico é outro que vive uma existência subterrânea, apresentando-se em inferninhos ou em qualquer lugar onde seja pago para tocar. Muitas vezes, seu impulso de ser músico é um forte desprezo pelo tipo de trabalho que se espera que um homem negro faça dentro do sistema. Isso é ainda mais verdadeiro no sul, onde muitos dos antigos cantores de blues dizem francamente: "Eu tive de encontrar um jeito de sair do campo de algodão, então comecei a colher as notas das cordas do violão". Para um homem negro, trabalhar significa se submeter a um homem branco em um emprego e ser obrigado a fazer o que ele diz. A recusa em fazê-lo significa ser demitido. Assim, o trabalho se torna sinônimo de perda de respeito.

Enquanto homens negros talentosos foram e são exemplares em encontrar alternativas à insistência patriarcal de que o trabalho assalariado é o único trabalho de respeito, muitos outros passaram a se dedicar a golpes e negócios ilegais como formas de fazer dinheiro.

No mundo de hoje, a maioria dos homens negros altamente educados, de origem privilegiada, compartilha com seus semelhantes pobres e de classes mais baixas uma obsessão por dinheiro como marcador da masculinidade bem-sucedida. Eles são tão facilmente corrompidos quanto seus irmãos marginalizados, se não mais, porque as apostas monetárias, assim como as recompensas em seu mundo de trabalho convencional, são mais altas. Ganhar dinheiro é ainda mais importante para esses homens porque eles também, assim como os trabalhadores negros de outrora, precisam se submeter aos caprichos dos brancos. Os homens negros assimilados que são "identificados com os brancos" acham mais fácil se submeter a homens brancos arrogantes e volúveis (e chefes mulheres brancas) no local de trabalho. Todavia, a maioria dos homens negros sofre psicologicamente no mundo do trabalho, quer ganhe muito, quer ganhe pouco dinheiro, por causa do terrorismo psicológico aparente ou oculto de base racial. A integração não interveio nas estratégias de terrorismo psicológico que os brancos não esclarecidos adotam para manter seu domínio sobre os negros.

Como o sistema de plantation não existe mais, o mundo do trabalho cotidiano torna-se o local onde esse domínio pode ser representado e reencenado repetidas vezes. Dessa forma, o trabalho nos Estados Unidos continua sendo estressante e, frequentemente, desmoralizante para a maioria dos homens negros. Mesmo um homem negro conservador e assimilado como [o general e ex-secretário de Estado] Colin Powell, que tem grande acesso a dinheiro e poder, sofre com o desrespeito racializado demonstrado por colegas brancos. Ele, assim como outros homens negros poderosos em uma posição similar, pode considerar isso como um pequeno preço a pagar por ser capaz de abraçar a masculinidade totalmente patriarcal e colher todos os benefícios dela. Afinal, a maioria dos trabalhadores negros em nossa nação ganha salários baixos e não recebe recompensas por suportar a humilhação racial no local de trabalho. Além de sofrerem com isso, ainda devem lidar com os efeitos desmoralizantes de não ganharem um salário digno.

Esse duplo risco tem sido o terreno fértil para um ceticismo profundo com relação à natureza do trabalho. Nathan

McCall escreve sobre isso em *Makes Me Wanna Holler* ao retratar o impacto desmoralizante da agressão racista na vida profissional de seu padrasto:

> Apesar de meu padrasto acreditar que o trabalho era a resposta para superar o racismo, eu sabia que as pressões relacionadas à raça em seu emprego em tempo integral no estaleiro o corroíam por dentro. Ele e os colegas que vinham à nossa casa constantemente reclamavam sobre os brancos da força de segurança do estaleiro que recebiam promoções, em vez de os negros mais qualificados. [...] Nunca ouvi meus amigos dizerem que queriam ser como seus pais quando crescessem. Por que desejaríamos isso quando sabíamos que nossos pais estavam sendo humilhados? [...] Não queríamos trabalhar para o homem branco e acabar como eles.

Essa experiência de testemunhar um trabalhador negro se estressando e depois se consolando com álcool, juntamente com a experiência negativa do próprio McCall, o fez desprezar o trabalho. No final da adolescência, ele ficou desmotivado com a ideia de trabalhar no sistema: "Assumi a mesma atitude em relação ao trabalho de muitos dos irmãos negros que eu conhecia: 'Se conseguir um emprego significa que tenho que trabalhar para um homem branco, então eu não quero essa merda de emprego'". Jovens negros brilhantes como McCall buscaram a ideologia black power como uma forma de salvação. Era o seu lugar de consolo.

Jovens negros belos e talentosos, militantes black power, foram os primeiros negros de esquerda a bradar contra os males do capitalismo. E nesse chamado eles desmascararam a escravidão assalariada chamando-a pelo nome. No fim das contas, porém, um homem negro precisava de dinheiro para viver. Se ele não fosse ganhá-lo trabalhando para o homem branco, o dinheiro poderia vir da exploração de seu próprio povo. Alguns militantes black power, tendo aprendido com Martin Luther King e Malcolm X a desafiar a verdade do materialismo baseado no capitalismo, identificaram-no como cultura *gangsta*. A masculinidade patriarcal era a teoria, e o *gangsta*, sua prática suprema. Não é de admirar, portanto, que os homens negros de todas as idades que vivem a ética do trabalho protestante, submetendo-se ao mundo racista e branco, invejem os traficantes de baixa renda nas comunidades negras que não são escravos do poder branco. Como disse um jovem membro de facção, "trabalhar era considerado uma fraqueza".

Homens negros de todas as classes passaram a ver a sociedade capitalista voltada para o mercado em que vivemos como uma Babilônia moderna sem regras, sem nenhuma estrutura significativa de lei e ordem; um mundo onde a "cultura *gangsta*" é a norma. Poderosas figuras patriarcais (em geral, brancos, mas de vez em quando homens de cor) em cargos governamentais corporativos ou com altos salários fazem sua própria versão do jogo da cultura *gangsta*; elas simplesmente não são pegas, ou, quando o são, sabem como agir para não acabar na prisão perpétua ou no corredor da morte. Esse é o grande palco em que os criminosos negros querem se apresentar, mas eles raramente têm uma chance, porque lhes falta a preparação educacional necessária. Ou o desejo deles por dinheiro fácil e rápido os aniquila: assassinato da alma por ganância. Em *The Envy of the World*, Ellis Cose minimiza deliberadamente o impacto da exploração racial na vida dos homens negros. Para enfatizar que os homens negros, e não os sistemas de dominação (os quais, segundo ele, poderiam ser superados pelos homens negros por meio dos valores corretos), são o problema, ele deve excluir qualquer discussão sobre trabalho e desemprego.

Cose chega perto de um debate sobre o trabalho quando escreve acerca do investimento do jovem negro na cultura *gangsta*, embora nunca evidencie o pensamento masculino negro sobre emprego e carreira. Ao discutir a atração da "rua", ele destaca que a rua muitas vezes seduz jovens brilhantes, atraindo-os para uma vida de negócios ilegais, de tráfico de drogas. Cose afirma: "A atração do dinheiro das drogas para jovens urbanos é forte porque oferece recompensas enormes àqueles que, de outra forma, teriam muito pouco". Ele cita um ex-traficante que diz o seguinte: "Eu vim da pobreza e eu queria coisas boas e dinheiro e tudo mais [...] Eu larguei o ensino médio e [...] fui me envolvendo. [...] Foi algo do tipo: 'Eu tenho dezoito anos. Eu quero meu dinheiro agora'". A sensação grandiosa de direito ao dinheiro que esse homem negro sentia faz parte do pacote de sedução da masculinidade patriarcal.

Todos os dias, homens negros enfrentam uma cultura que lhes diz que nunca poderão realmente conseguir dinheiro ou poder suficiente para libertá-los da tirania branca racista no mundo do trabalho. A grande mídia educa os jovens de acordo com os valores da masculinidade patriarcal. Nas telas de hoje, seja em programas de TV, seja em filmes, o trabalho tradicional é geralmente retratado como irrelevante, o dinheiro é deus, e o bandido que infringe as regras prevalece. Ao contrário da noção de que os homens negros são atraídos pelas ruas, a grande mídia na cultura patriarcal já os prepara, desde a infância, para buscar a si mesmos nas ruas, para encontrar sua masculinidade nas ruas. A propaganda funciona melhor quando a mente masculina é jovem e ainda não foi educada na arte do pensamento crítico. Poucos estudos examinam a ligação entre a fascinação masculina negra com a cultura *gangsta* e o consumo na primeira infância de programas de TV e filmes sem classificação etária que glamorizam a masculinidade patriarcal. Uma grande mídia patriarcal supremacista branca imperialista tendenciosa ensina jovens negros que a rua será seu único lar, e faz com que os homens negros do *mainstream* saibam que estão a apenas uma detenção de ir parar na rua. Essa mídia ensina jovens negros que o homem patriarcal é um predador, que apenas os fortes e os violentos sobrevivem.

É nisso que os jovens do movimento black power acreditavam. E é por essa razão que muitos deles estão mortos. A cultura *gangsta* é a essência da masculinidade patriarcal. A cultura popular diz aos jovens negros que apenas o predador permanecerá vivo. Eldridge Cleaver explica essa mensagem em *Soul on Ice* [Alma no gelo]:

> Em uma cultura que subscreve secretamente a ética pirata de "cada um por si" — símbolo vivíssimo do darwinismo social da "sobrevivência do mais forte", manifestando-se em nosso sistema político de partidos concorrentes, em nosso sistema econômico "salve-se quem puder" de lucro e perda, em nosso sistema de justiça para o qual a verdade é secundária à habilidade e às conexões do advogado —, a culminação lógica dessa ética, em nível pessoal, é que os fracos são vistos como a presa natural e justa dos fortes.

Essa é a ética que grande parte dos rapazes da nossa sociedade aprende na grande mídia — mas os garotos negros, muitos deles criados sem pai, são atingidos mais profundamente por ela.

As prisões da nossa nação estão cheias de homens negros inteligentes e capazes que conseguiram realizar seus objetivos de ganhar dinheiro de forma responsável e legítima, mas cometeram crimes envolvendo pequenas quantias de dinheiro porque tinham pressa de receber alguma gratificação. Trancafiados, totalmente desprivilegiados, os homens negros presos estão em um lugar onde a reflexão crítica e a educação para a consciência crítica até podem ocorrer (como foi o caso de Malcolm X), mas na maioria das vezes trata-se de um espaço onde a masculinidade patriarcal é reforçada. A cultura *gangsta* é ainda mais glamorizada nas prisões porque elas são a selva moderna, na qual apenas os fortes sobrevivem. Essa é a síntese do universo darwiniano "salve-se quem puder" descrito por Cleaver. Filmes representam o homem negro enjaulado como forte e poderoso (o que é a definitiva falsa consciência), e ainda assim essas imagens são parte da propaganda que seduz e atrai o público masculino negro de todas as classes. Garotos negros de classes privilegiadas aprendem com essa mesma mídia a invejar a masculinidade daqueles que apreciam seus papéis como predadores, que estão ansiosos para matar e serem mortos em sua jornada para obter dinheiro, para chegar ao topo.

Em seu livro de memórias *The Ice Opinion* [A opinião de Ice], o rapper e ator Ice-T fala sobre a sedução do crime como forma de ganhar dinheiro fácil. Descrevendo a vida fora da lei como "qualquer outro trabalho", ele chama atenção para o fato de que a maioria dos jovens negros não tem nenhum problema em cometer crimes se isso lhes der dinheiro. Mas Ice-T argumenta que não é apenas a grana que atrai homens negros para atividades criminosas, que "definitivamente há algo de sexy no crime", pois "é preciso muita coragem para foder o sistema". Raramente há algo de sexy no trabalho remunerado. Muitas vezes, os homens negros escolhem o crime para evitar a hierarquia inferiorizante na força de trabalho. Como explica Ice-T:

> O crime é um empregador de oportunidades iguais. Ele nunca discrimina. Qualquer um pode entrar nesse campo. Você não precisa de um diploma universitário. Você não precisa de ensino médio. Você não precisa ter uma cor especial. Você não precisa que pessoas brancas gostem de você. Você é autônomo. Como resultado, os criminosos são pessoas muito independentes. Eles não gostam de receber ordens. É por isso que eles entram nesse negócio. Não há formulários para preencher nem códigos de vestimenta especiais. [...] Há certo grau de liberdade em ser criminoso.

É óbvio que a descrição que Ice-T faz do crime como algo "legal" parece um tanto patética quando comparada ao grande número de homens negros encarcerados, muitos deles pelo resto da vida, por crimes de "dinheiro fácil" que lhes renderam menos de cem dólares. A fantasia do dinheiro fácil é impulsionada pela cultura popular divulgada nos filmes. É impulsionada pelas loterias apoiadas pelo Estado. E parte da sedução é fazer os indivíduos, especialmente os homens, sentirem que merecem um dinheiro que não batalharam para ganhar.

É evidente que há muitos homens negros no mundo ganhando dinheiro por meios legítimos e ilegítimos e que ainda estão presos à dor da masculinidade patriarcal. Ao contrário do mundo do trabalho responsável e legítimo, que, quando não é explorador, pode ser humanizador, o mundo do dinheiro, da ganância, sempre desumaniza. Daí que os homens negros que "venceram" no *mainstream* muitas vezes sintam que suas vidas são vazias e sem sentido. Eles podem chegar a ser tão niilistas quanto seus irmãos negros pobres e desprivilegiados. Uns e outros eventualmente recorrem ao vício como forma de aliviar a dor.

Pouquíssimos homens negros de qualquer classe neste país sentem que estão fazendo um trabalho que consideram significativo, um trabalho que lhes dá um propósito na vida. Embora haja mais acadêmicos negros do que nunca em nossa nação, mesmo entre os mais bem pagos não existe plena satisfação no trabalho. O trabalho satisfaz mais os homens negros não quando é percebido como o local da masculinidade patriarcal, mas quando é espaço de interação social significativa e de tarefas satisfatórias. Houve um ressurgimento de empresas dirigidas por negros nos anos 1990 precisamente porque, para muitos empreendedores negros, o racismo é tão predominante no mercado de trabalho que até os empregos de que gostavam ainda eram insuportavelmente estressantes. Ter o próprio negócio e ser o chefe permitiu aos homens negros encontrar dignidade no trabalho.

O consumismo materialista hedonista, com sua ênfase exagerada em ter dinheiro para esbanjar, tem sido uma causa central de desmoralização entre trabalhadores de todas as raças. Homens negros de classe média responsáveis que incorporam tudo que há de melhor na ética do trabalho protestante descobrem que o trabalho satisfaz mais quando não é colocado no centro da avaliação da masculinidade ou da individualidade, mas quando é visto como apenas um dos aspectos de uma vida holística. Às vezes, um indivíduo negro pode estar insatisfeito com seu trabalho e ainda assim sentir que vale a pena suportar essa insatisfação por causa das formas substantivas como ele usa seu salário para criar uma vida com mais sentido. Isso vale para o trabalho dos homens negros de todas as classes. Durante toda a minha vida, fui inspirada pelo exemplo do meu pai. Inserido em um sistema de trabalho racista, no qual era frequentemente tratado de maneira desrespeitosa por pessoas brancas não esclarecidas, ele ainda conseguia ter padrões de excelência que governavam seu desempenho no serviço. Ele, com minha mãe, ensinou a todos os filhos a importância de comprometer-se e dar o melhor de si em qualquer emprego.

Apesar dessas lições, nosso irmão K. tem sido, ao longo de sua vida, atraído pelo dinheiro fácil. Sortudo no sentido de que suas tentativas de participar da cultura *gangsta* aconteceram cedo o suficiente para impulsioná-lo a outras direções na meia-idade, ele ainda está lutando para encontrar uma carreira que proporcione maior contentamento a sua alma. Como tantos homens negros em nossa cultura, ele quer ganhar muito dinheiro. Embora exerça uma função responsável e bem remunerada, sua capacidade de se orgulhar do lugar aonde chegou e do que realizou é frequentemente diminuída pela fantasia de ter mais. Quando concentra suas energias em fazer mais, e não em ter mais, sua satisfação com a vida aumenta.

Durante os períodos em que estava desempregado, K. dedicou tempo trabalhando em seu autodesenvolvimento. Muitos homens negros em nossa cultura enfrentam o desemprego em algum momento da vida. Para alguns, a desocupação pode se estender por meses; para outros, por anos. A masculinidade patriarcal, que proclama que, se um homem não é um trabalhador, ele não é nada, agride a autoestima de qualquer um que absorva esse pensamento. Frequentemente, os homens negros recusam essa maneira de pensar sobre o trabalho. Apesar de ser um gesto positivo, muitas vezes essa rejeição da norma patriarcal não é substituída por uma alternativa construtiva.

Dado o estado do trabalho em nossa nação, um futuro em que o desemprego generalizado, as demissões em massa e a redução dos salários estão se tornando cada vez mais normais, todos os homens — e os negros, em particular — precisam de visões alternativas de trabalho. Ao longo de sua história nos Estados Unidos, negros descolonizados encontraram essas alternativas. De forma significativa, eles veem o desemprego como um tempo para estimular a criatividade e a autoconsciência. Não ganhar dinheiro abriu espaço para que eles repensassem o investimento no materialismo; isso mudou suas perspectivas. Eles se engajaram em uma mudança de paradigma. Martin Luther King, em sua crítica ao materialismo, descreve essa mudança como uma "revolução de valores". King convidou homens negros e todos os homens a "trabalhar dentro da estrutura da democracia para promover uma melhor distribuição da riqueza", usando "poderosos recursos econômicos para eliminar a pobreza da Terra". Homens negros esclarecidos que não ganham dinheiro ou não ganham o suficiente aprenderam a se afastar do mercado e a se voltar para o ser — descobrindo quem são, o que sentem e o que querem da vida dentro e fora do mundo do dinheiro. Mesmo que esse tempo de "lazer" não tenha sido uma escolha, eles conseguiram usá-lo produtivamente. Em seu discurso antiguerra de 1966, em Berkeley, Stokely Carmichael ofereceu esta visão utópica: "A sociedade que procuramos construir entre os negros não é capitalista. É uma sociedade na qual o espírito de comunidade e de amor humanístico prevalece". Imagine a revolução de valores e ações que ocorreria se os homens negros estivessem comprometidos coletivamente em criar amor e construir comunidade.

Até que uma visão progressista do desemprego produtivo possa ser compartilhada com os homens negros coletivamente, intervindo na suposição patriarcal que iguala o desemprego à perda de valor, bem como desafiando a suposição materialista de que você é o que pode comprar, a maioria dos homens negros (como muitos brancos pobres e marginalizados) continuará a confrontar um mundo do trabalho e uma cultura do desemprego que desmoraliza e desumaniza o espírito. A sobrevivência material masculina negra só será assegurada quando eles se afastarem das fantasias de riqueza e da noção de que o dinheiro resolverá todos os problemas e melhorará tudo, e se voltarem à realidade do compartilhamento de recursos, reconceituando o trabalho e aproveitando o lazer para a prática da percepção de si.

03.
escolarização de homens negros

Mais do qualquer outro grupo de homens em nossa sociedade, os negros são percebidos como sujeitos desprovidos de habilidades intelectuais. Estereotipados pelo racismo e pelo machismo, que os veem mais como corpo do que mente, os homens negros estão mais propensos a serem recebidos pelo patriarcado supremacista branco capitalista imperialista como sujeitos que parecem idiotas ou, como nós que crescemos nos anos 1950 costumávamos dizer, "lentos" (ou seja, pouco inteligentes). Na infância, era óbvio para todos em nossa vizinhança negra que, quando um homem negro pensava demais, ele passaria a ser visto como uma ameaça pelo mundo racista. Não havia correlação entre a habilidade de pensar, de processar ideias, e o nível de escolaridade de uma pessoa. Em um mundo onde um homem negro inteligente corria o risco de ser punido, homens negros bem-educados aprenderam a atuar como se não soubessem nada.

Desde a escravidão, alguns homens negros têm estado na vanguarda dos esforços realizados por afro-estadunidenses para adquirir educação em todos os níveis. No fim do século XIX e começo do XX, qualquer homem negro que procurasse passar da escravidão para a liberdade via a educação como uma saída. Durante esse período, a falta de recursos materiais frequentemente obrigava as famílias negras a mandar as meninas para a escola e a estimular os garotos a procurar trabalho. Na autobiografia *Black Boy* [Menino negro], publicada em 1930, Richard Wright descreve sua vergonha diante da pobreza e da escassez de roupas e livros: "Comecei a estudar no Instituto Howard com alguns anos a mais que o habitual; minha mãe não tinha podido comprar as roupas necessárias para que eu estivesse apresentável". Como muitas famílias negras submetidas a dificuldades econômicas, a família Wright mudava de casa com grande frequência, o que significa que sua escolarização era constantemente interrompida: "Embora eu tivesse quase nove anos, não tinha tido um único ano ininterrupto de escola, e não tinha consciência disso. Eu podia ler e fazer contas, e isso era o que a maioria das pessoas que eu conhecia podia fazer, fossem adultas ou crianças". No mundo Jim Crow[10] do pós-escravidão, as pessoas negras tinham que lutar pelo direito de se educarem. E, mesmo quando esse direito passou a ser garantido, a imediata necessidade de sobrevivência material interrompia os esforços educacionais dos homens negros.

Atualmente, na cultura do patriarcado supremacista branco capitalista imperialista, a maioria dos jovens oriundos das classes pobres e desprivilegiadas é socializada, por intermédio da grande mídia e de uma educação elitista tendenciosa,

---

[10] Leis de Jim Crow é o nome que se dá a um conjunto de legislações segregacionistas estaduais e locais estabelecidas no final do século XIX, após a Reconstrução, até os anos 1960, nos Estados Unidos, com o intuito de limitar o acesso dos negros a locais públicos, ônibus, escolas, universidades etc. [N.E.]

a acreditar que, para sobreviver, basta ter habilidade para o trabalho físico. Jovens negros, desproporcionalmente numerosos entre os pobres, têm sido socializados para acreditar que a força e a resistência física são tudo o que realmente importa. Essa socialização é tão presente no mundo atual quanto durante a escravidão. Preparados para serem mantidos como membros permanentes de uma subclasse, para não ter escolhas e, portanto, para estarem dispostos a matar, sempre que necessário, em nome do Estado, homens negros sem privilégio de classe sempre foram alvo da deseducação. Eles foram e são ensinados que o "pensar" não é um trabalho valioso, que "pensar" não os ajudará a sobreviver. De modo trágico, muitos homens negros não têm resistido a essa socialização. Não é mero acidente que homens negros intelectualmente brilhantes acabem presos, mesmo quando garotos, por serem considerados ameaçadores, maus e perigosos.

Durante o período sombrio das leis de segregação racial, da discriminação e da opressão, homens negros de todas as classes estavam perfeitamente conscientes da necessidade de resistir a esses estereótipos. Estavam conscientes de que abraçar esses estereótipos poderia ser fatal. Biografias e autobiografias de homens negros que conseguiram transcender a pobreza em que nasceram contam histórias de indivíduos que lutaram para educar a si mesmos no interior de sistemas educacionais que não os apoiavam. Richard Wright aprendeu a ler no começo da infância — e gostou de ler e pensar. Mesmo assim, isso o colocou em desacordo com um mundo racista branco que queria apenas que o negro fosse obediente e idiota. Wright recorda que os livros lhe proporcionaram uma visão diferente da vida, pois, ao imaginar a si mesmo como um escritor, ele "manteve viva a esperança". Os livros lhe ensinaram que existiam diferentes perspectivas sobre a vida. Ao confessar que desejava que sua vida tivesse sentido, ele escreve: "Eu estava construindo em mim um sonho no qual todo o sistema educacional do sul havia sido manipulado para reprimir. [...] Eu estava começando a sonhar os sonhos que o Estado havia dito que eram errados [para os negros]". Leitor e pensador, Wright era constantemente interrogado por colegas e professores que desejavam calá-lo. Eles queriam saber: "Por que você faz tantas perguntas?".

Os textos de Wright contam a história real do encontro de um jovem negro com o sistema escolar público na década de 1920; no entanto, hoje, homens negros de todas as idades continuam contando a mesma história. Ao compartilhar suas memórias escolares, Ellis Cose escreve que, quando olha para trás, percebe que crianças negras e pobres "eram consideradas essencialmente não ensináveis". Assim como Wright, ele recorda a pequena afirmação do seu desejo de aprender: "Aquela experiência na escola primária tornou difícil para mim a tarefa de levar a educação a sério. Nunca fui um mau aluno, mas eu simplesmente não via a escola como um local onde se daria meu aprendizado ou onde meus horizontes seriam ampliados. E, quanto mais escolarização eu recebia, mais essa ideia era confirmada". Cose também foi repreendido por ser um pensador, por fazer perguntas:

> Lá estava a professora, no terceiro ou quarto ano, que dizia à classe que os pretos tinham a língua preguiçosa. Era a sua maneira, eu acho, tanto de nos desafiar como de nos tranquilizar, de fazer com que nos sentíssemos confortáveis com as nossas defi-

ciências em leitura e pronúncia. [...] Logo houve a professora da sétima série que me criticou quando questionei o nível do material de leitura de classe. Sim, ela concordou, os livros haviam sido escritos para alunos do quinto ano, mas, para ela, nós sequer tínhamos capacidade de lidar com o material da quinta série, então o melhor a fazer era calar minha boca e ser grato à escola que se dignara a dar livros a todos nós.

Repetidas vezes, quando nos contam suas histórias de vida, homens negros descrevem que foram punidos na escola porque se atreveram a pensar e a questionar.
A curiosidade, que pode ser considerada sinal de genialidade em um garoto branco, é vista como um problema quando expressada por um menino negro. Ao escrever sobre a sua infância na década de 1950, o poeta e educador Haki Madhubuti conta como suas atitudes em relação à educação foram transformadas por meio da leitura da história de Richard Wright:

> Quando eu tinha treze anos, minha mãe pediu que eu fosse à biblioteca de Detroit pegar um livro para ela. O título era *Black Boy*, de Richard Wright. Eu me recusei porque não queria ir a lugar nenhum para perguntar qualquer coisa sobre negros. O auto-ódio que ocupava minha mente, corpo e alma simplesmente me detia. [...] Eu e milhões de outros jovens negros éramos produtos de um sistema educacional branco que, na melhor das hipóteses, nos ensinou a ler e a respeitar a literatura, a criatividade, a ciência, a tecnologia e o desenvolvimento comercial de outros. Na verdade, ninguém disse para os homens negros: "Você deve odiar a si mesmo". Ainda assim, imagens, símbolos, produtos, criações, promoções e autoridades da América branca,

de modo sutil ou ostensivo, estavam me ensinando sobre supremacia branca, estavam me ensinando a me auto-odiar.

A leitura de *Black Boy* deu a Madhubuti permissão para aprender, para ser um pensador crítico: "Pela primeira vez na minha vida eu estava lendo palavras transformadas em ideias que não eram ofensivas à minha pessoalidade. [...] Ao terminar a leitura de *Black Boy* [...] eu me tornei, de algum modo, um questionador diferente na escola e em casa". Estudantes negros, como Madhubuti, com frequência compartilham uma realidade na qual professores negros sem consciência estereotipam jovens negros — assim como fazem professores não negros.

Ao refletir sobre o esforço para se educar na década de 1980, Nathan McCall, em sua autobiografia *Makes Me Wanna Holler*, descreve a perseguição racial que enfrentou quando tinha onze anos em uma escola predominantemente branca:

> Eu era o único afro-estadunidense na maioria das aulas. Quando eu entrava na sala de aula e me sentava, os estudantes próximos a mim se levantavam e se afastavam. [...] Lidar com professores brancos não era muito melhor que isso. Sempre que possível, eles evitavam manter contato visual. [...] Era demais para um menino de onze anos se opor a isso, então nem tentei. Ao contrário, procurei me tornar invisível. Eu ficava comigo mesmo, me calava durante as discussões de classe e nunca fazia perguntas nas aulas ou depois delas. Mantinha os olhos colados em minha mesa ou olhava para a frente, para evitar chamar atenção. Na escola, eu passava os dias cambaleando, anestesiado e isolado.

Em casa, McCall contava com a presença da mãe e do padrasto. Eles não eram pobres. Queriam que McCall tivesse êxito na escola, e, durante algum tempo, ele foi obrigado a isso. Quando McCall passou a frequentar outra escola, com mais estudantes negros, escolheu passar seu tempo com os garotos "legais" em vez de estudar:

> Depois que comecei a sair com eles, o propósito da escola mudou completamente para mim. Parecia mais uma área social do que um lugar de aprendizado. O rigor acadêmico perdeu seu brilho e a recompensa de ser escolhido para o quadro de alunos de honra não significava mais a mesma coisa. De repente, eu não queria ser visto carregando muitos livros e me sentia constrangido demais para participar das discussões em sala de aula.

McCall viu seu afastamento da educação como rejeição a um mundo cuja mensagem indica que ele não pertence e não poderia pertencer a tal universo, não importando o grau de sua inteligência.

Na autobiografia *Finding Freedom: Writings From Death Row* [Encontrando a liberdade: escritos do corredor da morte], Jarvis Jay Masters lembra que, na infância, tinha a convicção de que era impossível evitar o sofrimento. Chegou ao corredor da morte com mínimas habilidades de leitura e escrita. Filho de mãe solo, dependente química e violenta, ele nunca considerou a educação como algo que poderia modificar sua realidade. Acreditava estar condenado:

> Olhando para trás, percebo que não era a raiva o que me motivava, apesar de ter me escondido atrás da raiva para evitar certas

verdades sobre minha vida. Lembro que, uma vez, caminhando pela rua, deparei-me com uma pequena árvore crescendo no asfalto de um estacionamento, entre os carros. Minha primeira reação foi observá-la, estudá-la, questionar. Pensei: "Como isso é possível?". Mas isso não ocorreu na escola, eu jamais aprenderia essas coisas lá. Esmaguei a pequena árvore porque sabia que eu nunca iria para a escola. Não havia espaço para o deslumbramento em minha vida.

Adolescente negro criado em orfanato, Masters viu a si mesmo como um prisioneiro. Perdeu a esperança ainda muito novo. Wright, que confrontou um sistema de opressão de raça e classe mais brutal que o de Masters, teve de aprender ainda criança a vencer o sistema. Leu livros que o ensinaram a ter esperança. Masters recuperou a esperança apenas quando adulto, no corredor da morte, onde conseguiu se educar, onde os livros o ajudaram a libertar seu espírito.

Incisivamente, Ellis Cose descreve a maneira como aprendeu a ser "tão desconfiado da escola, tão alienado de seus métodos e tão convencido de que era inteligente demais para estar lá". Ele diz: "Eu poderia estar lá, mas não estava disposto a me dedicar por inteiro". No ensaio "Fear and Doubt" [Medo e dúvida], Huey Newton, um dos fundadores do Partido dos Panteras Negras, escreve sobre os caminhos que homens negros pobres precisam trilhar para obter educação, mesmo sob o medo de falhar:

> Eles dizem aos seus filhos que as coisas serão diferentes se forem pessoas educadas e preparadas, porém não há absolutamente nada nessa advertência que possa estimular os filhos a gostar de estudar. Pessoas negras, mesmo aquelas das mais baixas classes econômi-

cas, valorizam extremamente a educação, ao mesmo tempo que temem a possibilidade de ter seus medos comprovados.

Esses sentimentos sobre a escolarização na infância são expressos por homens negros de todas as classes. No livro de memórias de minha infância, escrevo sobre o tempo em que frequentávamos escolas majoritariamente negras, onde os meninos negros eram excelentes e considerados mais inteligentes do que a garota mais inteligente, e a maneira como isso mudou depois que as escolas foram integradas. Professores brancos não estavam animados para ensinar meninos negros, e pais brancos não estavam animados para ter garotos negros sentados ao lado de seus filhos e filhas. Subitamente, jovens negros inteligentes tornaram-se invisíveis. Quando era permitido a um garoto negro "notável" fazer parte de uma turma de alunos talentosos, isso ocorria apenas depois de ele ter provado a si mesmo que poderia ser apropriadamente subordinado: quem obtinha êxito era o garoto inteligente e solitário, que aprendia a ser obediente e a manter a boca fechada. Garotos negros inteligentes que desejavam ser ouvidos, ontem e hoje, eram quase sempre expulsos, considerados encrenqueiros e colocados em salas de baixo rendimento ou em salas especiais, que não passam de espaços de confinamento para garotos considerados delinquentes. Indivíduos pobres e jovens da classe trabalhadora que demonstram excelência acadêmica no sistema de ensino público, que não perderam seu espírito e sua integridade, em geral conseguem fazer isso porque contam com um defensor, um pai ou uma mãe, um tutor ou um professor que intervém quando esse sistema educacional tendencioso ameaça destruí-los.

Uma das principais razões que fez com que os militantes do movimento black power escolhessem trabalhar em escolas administrando o café da manhã e/ou oferecendo aulas de reforço foi o amplo reconhecimento de que o sistema educacional não apenas falhava em educar negros pobres, mas estava satisfeito com tal falha, satisfeito em culpabilizar a vítima. Ora, meninos negros de seis, sete e oito anos podem ser responsabilizados por não saberem ler ou escrever? Quando a escravidão terminou [nos Estados Unidos], em 1865, e quatro milhões de pessoas negras foram libertadas, a maioria delas não sabia ler e escrever. De acordo com o censo de 1900, 57% dos homens negros eram analfabetos. Agora, no começo do século XXI, homens negros ainda compõem uma enorme porcentagem no universo de analfabetos. Incapazes de ler e escrever, ou alfabetizados de maneira rudimentar, homens negros insuficientemente educados não estão preparados nem para entrar nas filas de desempregados, nem para permanecer nelas. Antes mesmo de encontrar uma cultura de rua genocida, garotos negros têm sido atacados na primeira infância por um genocídio cultural que se inicia nas instituições educacionais, nas quais eles simplesmente não recebem instrução.

Comprometida em criar livros que representem jovens negros e os situem no centro das histórias universais, escrevi um livro infantil chamado *Minha dança tem história*, que é uma representação positiva da individualidade holística dos meninos. Os meninos representados são negros. O ilustrador é um homem branco. Quando as primeiras ilustrações me foram mostradas, notei que muitas das imagens eram de meninos negros que estavam em movimento: correndo, pulando, brincando; solicitei desenhos de meninos negros parados, curtindo a solidão, lendo. A inclusão da imagem de um menino lendo era particularmente importante, porque é óbvio que esta sociedade envia aos meninos negros a mensagem de que eles não precisam ser leitores. Em algumas famílias negras nas quais as meninas são encorajadas a ler, um menino que goste de ler é visto como suspeito, no caminho para se tornar um "maricas". Enquanto pessoas negras comprarem a noção de uma masculinidade patriarcal — segundo a qual um homem de verdade é um corpo sem mente —, garotos negros que são intelectuais, que desejam ler e amar os livros, correrão o risco de ser ridicularizados. De fato, as representações televisivas de homens negros estudiosos em comédias e seriados (por exemplo, Urkel em *Family Matters* [Questões de família]) sugerem que eles são aberrações, monstros. Pais e mães permitem que garotos negros consumam essas imagens negativas e depois se perguntam por que seus filhos não querem ser estudantes sérios e leitores engajados.

A leitura tem sido uma fonte fundamental de conhecimento, poder e libertação para os homens negros, sobretudo para aqueles que estão encarcerados. Ao mesmo tempo, muitos homens negros responsáveis e desempregados são iletrados e não têm acesso a uma estrutura educacional que possa ensiná-los a ler e a escrever. Eles também podem ser consumidos por sentimentos de vergonha, pelo fato de não terem dominado essas habilidades na infância, e se recusarem a buscar educação quando adultos. Homens negros que estão presos, com tempo livre, na maioria das vezes apreciam a oportunidade de adquirir habilidades de leitura e escrita. Contudo, eles deveriam tê-las aprendido na escola, no início da vida.

Aprender a ler e a escrever são habilidades básicas necessárias para uma pessoa que deseje trabalhar e ser um cidadão plenamente produtivo. Elas não são ensinadas para a maioria dos homens negros. O sistema educacional falha em transmitir ou inspirar a aprendizagem em homens negros de todas as idades. Ao mesmo tempo, muitos homens negros se formam no ensino médio com nível de leitura e escrita de terceira ou quarta série. As exigências do trabalho e da família podem forçá-los a parar de ler e escrever completamente, de modo que podem perder as habilidades que já têm, em vez de construir outras novas. Dei aula a muitos jovens negros na faculdade, grandes leitores e escritores, que simplesmente pararam de ler assim que entraram no mundo do trabalho. Eles dizem que não têm tempo para ler. Também relatam que a leitura faz com que se sintam mais estressados, especialmente quando se trata de assuntos que geram sentimentos de impotência e desesperança. Preferem usar o tempo livre com diversão. A maioria deles não considera a leitura uma atividade prazerosa.

Diferentemente dos homens da geração de meu pai, que acreditavam na possibilidade de serem pensadores e intelectuais orgânicos, o foco do homem negro contemporâneo é fazer dinheiro. Quando os homens da geração do meu pai chegavam em casa, vindos de empregos braçais de baixa remuneração, eles procuravam se engajar em diálogos sérios. Liam jornais, livros. E, muitas vezes, escondiam das pessoas brancas para as quais trabalhavam que eram "pensadores". Novamente, uma distinção deve ser feita entre ser instruído e ser um pensador crítico, alguém que reflete sobre o mundo.

Hoje, muitos homens negros inteligentes, que foram bem instruídos, sabem que não devem ser pensadores críticos —

e nem tentam ser. Um homem negro, mesmo aquele que é instruído, que pensa criticamente, ainda é visto com desconfiança pela cultura popular. Muitas vezes, homens negros instruídos em empregos bem pagos aprendem a assumir uma atitude de "concordar para não desagradar", para não representar uma ameaça aos colegas de trabalho brancos. Um homem negro que conheci, solteiro, na casa dos trinta anos, que trabalhava em um ambiente predominantemente feminino e branco, não raro era tratado como objeto sexual. Uma jovem branca escreveu a ele recados na versão dela de "inglês negro", dizendo que estava "disposta a ser sua puta". Apesar de ciente do machismo racializado no gesto dela, ele sentiu que, se não tomasse aquilo como uma mera piada, poderia se sentir como alguém que não sabe trabalhar em equipe, que não faz parte do grupo. Entretanto, esse homem negro de classe média que nunca tinha falado um inglês fora do padrão ou usado gírias negras estava sendo forçado a assumir uma linguagem "do gueto", o que indicaria a seus colegas que ele era negro de verdade.

Apesar de escutarmos inúmeras vezes que homens negros privilegiados assumem o estilo garoto *gangsta* do gueto, raramente ouvimos falar sobre a pressão que eles recebem de pessoas brancas para provar que são "negros de verdade". Essa pressão é parte de um arsenal psicológico racial que constantemente permite às pessoas negras instruídas, sobretudo aos homens negros, saber que nem o maior nível de educação que possam alcançar lhes permitirá escapar da imposição de estereótipos racistas. Muitas vezes, em contextos educacionais predominantemente brancos, homens negros assumem o papel de menestréis[11] do gueto como um modo de se proteger da raiva racializada e branca. Eles querem parecer inofensivos, não ameaçadores, e, para fazê-lo, precisam entreter as pessoas ignorantes, passando a elas a mensagem: "Eu não acho que sou igual a você. Conheço o meu lugar. Mesmo que eu seja instruído, sei que você pensa que no fundo eu ainda sou um animal". Em *Black Rage* [Raiva negra], os psiquiatras William Grier e Price Cobbs descrevem o que chamam de "homem negro paradigmático":

> Esse homem é sempre descrito como "gente boa" por pessoas brancas. Seja qual for o ambiente de trabalho integrado no qual atue, ele é o padrão segundo o qual os outros negros são avaliados. "Se todos fossem como ele, tudo estaria muito melhor." Ele é passivo, não assertivo e não agressivo. Ele se beneficiou da identificação com o agressor, assumindo uma postura aduladora e compatível.

Ambientes educacionais racialmente preconceituosos costumam exigir que homens negros atendam a esses requisitos de modo a provar que são ensináveis, que podem aprender. Em estruturas educacionais segregadas, era uma realidade o fato de que homens negros poderiam ser e seriam academicamente excelentes. Essa é uma das razões que fazem com que muitos movimentos de pais negros apoiem a criação de escolas segregadas. Durante os anos de segregação racial

---

[11] Os espetáculos de menestréis (*minstrel shows*, ou *minstrelsy*, em inglês) eram um tipo de entretenimento popular nos Estados Unidos no século XIX. Neles, artistas brancos pintavam o rosto de preto (prática conhecida como *blackface*) e imitavam de modo caricatural e estereotipado a maneira de cantar e dançar dos negros escravizados. [N.T.]

legalizada, ninguém nas comunidades negras via a educação como "coisa de branco".

Durante o período pós-1960 da integração racial, pessoas negras instruídas muitas vezes assimilaram a lógica da supremacia branca dominando outros negros considerados inferiores. Essas atitudes fizeram com que muitas pessoas negras educacionalmente marginalizadas começassem a ver um negro ou uma negra com escolaridade como um inimigo. O anti-intelectualismo abunda na cultura como um todo. Por isso, pessoas negras, sobretudo aquelas que viviam em um mundo segregado onde o acesso à educação não era fácil, que não receberam instrução, estavam predispostas a suspeitar de pessoas negras escolarizadas. Em *Losing the Race: Self-Sabotage in Black America* [Perdendo a raça: autossabotagem nos Estados Unidos negros], o polêmico direitista negro John McWhorter esclarece que o povo negro "tem herdado o anti-intelectualismo dos séculos de marginalização", mas falha em não fazer a conexão do anti-intelectualismo entre os negros com o anti-intelectualismo global. McWhorter passou grande parte da vida entre os brancos instruídos, sendo incapaz de criticar o anti-intelectualismo que é ensinado pelos meios de comunicação de massa, sobretudo a televisão. Ele insiste que o "anti-intelectualismo não é imposto sobre os negros pelos brancos, mas transmitido como um traço cultural". É óbvio que, ao fazer esse esclarecimento, McWhorter teve de ignorar o legado acadêmico e intelectual dos afro-estadunidenses anterior à década de 1960.

O anti-intelectualismo nas comunidades negras é uma arma frequentemente usada na luta de classes entre aqueles negros que se sentem condenados a uma existência limitada porque não são instruídos, e, portanto, são incapazes de ascender, e negros instruídos que estão se esforçando para chegar às classes dirigentes. Esses negros instruídos de classes privilegiadas tendem a tratar os incultos com desprezo, e os incultos têm respondido com o mesmo desprezo. Todavia, ouvimos falar mais sobre os segundos do que sobre os primeiros. Muitos jovens ativistas do movimento black power eram leitores ávidos e pensadores críticos bem instruídos. Alguns deles eram intelectuais orgânicos. Não havia anti-intelectualismo em seus escritos nem qualquer relação entre ser bem instruído e ser branco. No mundo da escolarização racialmente integrada, acadêmicos negros que adquiriram instrução como um instrumento de mobilidade social tendem a rebaixar seu conhecimento quando conversam com negros incultos. Muitas vezes, negros com formação acadêmica superior sentem-se alienados da comunidade negra. Quando recebem a oportunidade de socializar e se vincular com outras pessoas negras, podem depreciar a educação como um modo de se conectar com um mundo negro anti-intelectual. Isso é também uma estratégia para serem classificados como superiores. Eles mantêm sua posição de elite negra excepcional ao agirem como guardiões que acumulam o conhecimento sobre as formas de empoderamento pela educação enquanto fingem que isso não importa.

Os que defendem a autodeterminação dos negros têm priorizado sempre a ligação entre a educação e o desenvolvimento da consciência e do pensamento críticos. De fato, os militantes do movimento black power foram, com frequência, críticos da formação deficitária de pessoas negras no sistema educacional, apoiando a construção de escolas progressistas para negros. No início da década de 1970, Don L. Lee, em

From Plan to Planet: Life Studies — The Need for Afrikan Minds and Institutions [Do plano ao planeta: estudos sobre a vida — a necessidade de mentes e instituições africanas], dedicou-se a argumentar a favor dessa necessidade:

> Onde os homens negros estão sendo treinados? A maior parte, nas esquinas e prisões. Por que nossos irmãos não desenvolvem um nível de consciência negra do lado de fora [da cadeia], assim como desenvolvem lá dentro? Por que a maioria dos irmãos obtém sua consciência política em presídios só depois de terem sido condenados à prisão perpétua? Bem, certamente porque temos falhado em construir instituições adequadas para educar e redirecionar nossos homens. [...] Em nossa nova sabedoria, é fundamental que iniciemos a institucionalização de nossos pensamentos e ações, e precisamos de instituições para isso.

Don L. Lee, que depois foi rebatizado como Haki Madhubuti, fundou escolas progressistas.

Na visão inicial sobre a construção dessas instituições, visão que ele compartilhou com outros homens negros antirracistas, Madhubuti associou a criação de escolas com o nacionalismo negro. A integração levou muitos negros a abandonar o nacionalismo negro porque ele estava associado ao separatismo. Enfrentando a falha da escolarização em educar jovens negros hoje, alguns indivíduos, sobretudo os afrocêntricos, defendem escolas separadas. Frequentemente, escolas separadas para meninos negros são apresentadas como a melhor alternativa educacional por causa da ênfase dada à rigorosa disciplina em vez da aprendizagem. Muitas vezes, não é o rigor que leva esses garotos a dar o melhor de si nessas escolas, mas sim o fato de que os educadores são mais cuidadosos, atenciosos, fazendo com que eles se sintam como alunos que podem se sobressair academicamente. Meninos negros educados em ambientes favoráveis muitas vezes regridem quando entram em escolas predominantemente brancas, onde são estereotipados como aqueles que não conseguem aprender.

Programas de alfabetização em massa, em especial aqueles direcionados a homens negros desempregados, que associam a aprendizagem ao desenvolvimento de um pensamento crítico, são necessários para corrigir as falhas da escolarização inicial. A educação doméstica, bem como a formação de escolas privadas progressistas que eduquem para a consciência crítica, são alternativas importantes para homens negros. Se homens negros podem educar e/ou reeducar a si mesmos em prisões, então é completamente possível que as pessoas negras preocupadas com essa situação possam educá-los desde pequenos nas comunidades ou lares onde vivem. Em subculturas nas quais tal escolarização já está ocorrendo, meninos e homens negros reivindicam sua vontade de aprender e de serem educados, apesar das tentativas da sociedade de lhes aniquilar o espírito e silenciar mentes questionadoras. A escolarização progressista de homens negros apenas se tornará realidade quando começarmos a levar a educação a sério, restaurando a relação entre aprendizagem e libertação.

04.
não me obrigue a machucar você: homens negros e violência

Leia qualquer artigo ou livro sobre masculinidade negra e ele transmitirá a mensagem de que homens negros são violentos. Os autores podem ou não concordar com o fato de que a violência masculina negra é justificada ou uma resposta à condição de vítima do racismo, mas estão de acordo com que os homens negros, como grupo, são selvagens, fora de controle, incivilizados e predadores por natureza. Antes do movimento black power dos anos 1960, homens negros batalhavam para combater os estereótipos machistas e racistas que os representavam como bestas, monstros, demônios. De fato, muitos dos estereótipos machistas e racistas dos séculos XVIII e XIX atribuídos aos homens negros são traços hoje considerados característicos dos psicopatas. Um deles é a incapacidade de demonstrar respostas emocionais, o que tem sido descrito como falta de consciência.

O terapeuta Donald Dutton, que conduziu pesquisas sobre homens violentos por mais de vinte anos, chama atenção para estudos que sugerem que o cérebro de psicopatas não funciona como o de pessoas mentalmente estáveis:

A síndrome psicológica da psicopatia inclui a perda da habilidade de imaginar a dor ou o medo de outra pessoa ou as terríveis consequências do abuso. Outros sinais importantes incluem respostas emocionais superficiais e um cenário futuro irreal [...] acompanhado de uma relutância em examinar problemas do passado.

A iconografia racista e machista na cultura ocidental durante os séculos XVIII e XIX representou os homens negros como incapazes de sentir emoções complexas e desprovidos da habilidade de experimentar medo ou remorso. De acordo com a ideologia racista, a submissão supremacista branca do homem negro foi necessária para conter a imagem de besta desumanizada. Essa perspectiva permitiu às pessoas racistas se engajarem em uma situação de negação psicológica extrema quando foi preciso assumir responsabilidades pela desumanização cruel de homens negros.

Ao escrever sobre esse legado histórico em *Rituals of Blood* [Rituais de sangue], Orlando Patterson afirma:

> Em todos esses estereótipos, encontramos a ideia do escravo como um bruto desonroso cujos desejos maníacos devem ser controlados pela disciplina do mestre e cuja palavra só pode ser aceita sob tortura. [...] Enxergar a vítima como o agressor e como o "fardo do homem branco" é um exemplo clássico de projeção: ao mesmo tempo, uma negação de sua própria perversidade moral e violência e uma desculpa perfeita. A demonização do homem negro na sociedade estadunidense ainda está entre nós.

No entanto, o que diferencia a demonização contemporânea do homem negro da do passado é que muitos homens negros não mais desafiam esse estereótipo desumanizador; ao contrário, afirmam-no como uma marca de distinção, como a vantagem que têm sobre os homens brancos.

Homens negros que rejeitam estereótipos machistas racistas ainda precisam lidar com a imposição de qualidades que não têm relação com sua experiência de vida. Por exemplo: um homem negro que é escrupulosamente honesto pode ter de lidar com colegas de trabalho tratando-o com suspeita, porque eles veem todos os homens negros como vigaristas disfarçados. Homens negros não violentos encaram, todos os dias, um mundo que os vê como violentos. Homens negros que não são predadores sexuais ou estupradores enfrentam um público que se relaciona com eles como se essa fosse sua verdadeira identidade. Na verdade, muitos homens negros explicam sua decisão de se tornar a "besta" como uma rendição às realidades que não podem mudar. Afinal, se você já é visto como uma fera, pode agir como tal. Jovens negros, em especial os de classe baixa, muitas vezes sentem-se satisfeitos por serem capazes de despertar medo nos outros, particularmente em pessoas brancas.

Temerosa ou não, a cultura branca *mainstream* é a que exige que homens negros ajam como psicopatas brutais (e oferece recompensas por isso), a que os gratifica por sua disposição para cometer violências terríveis. Culturas de dominação, como a dos Estados Unidos, são alicerçadas no princípio de que a violência é necessária para a manutenção do *status quo*. Orlando Patterson enfatiza que, muito antes de qualquer jovem negro agir com violência, ele já nasceu em uma cultura que tolera a violência como um meio de controle social, que identifica a masculinidade patriarcal com a vontade de agir violentamente. Ser agressivo é a maneira mais simples de afirmar a masculinidade patriarcal. Homens de todas as classes sabem disso. Como consequência, todos os homens que vivem em uma cultura de violência devem demonstrar, em algum momento da vida, que são capazes de ser violentos. O filme *Um Sonho de Liberdade* (1994) é uma história sobre prisão em que o "delicado" homem branco da classe alta deve provar sua capacidade de sobreviver na selva predatória da prisão. Seu tutor é um criminoso negro mais velho. Enquanto este confessa ter cometido um assassinato sem motivo, o homem branco a quem ele ensina a arte da sobrevivência se mostra inocente.

Outro filme sobre prisão, *À Espera de um Milagre* (1999), oferece uma imagem semelhante. O grande homem negro "hipermasculino" que ameaça se transformar em um monstro a qualquer momento é retratado de forma cada vez mais civilizada e domesticada à medida que desenvolve o misterioso dom de curar. Seu poder divino não é, entretanto, capaz de evitar que ele seja condenado à morte por um crime que não cometeu. Em ambos os filmes, o "preto mau" está sozinho e sem nenhuma comunidade para acolhê-lo — já que, no Velho Oeste de John Wayne, homens de verdade fazem isso sozinhos. O frágil e sensível homem branco Andy, de *Um Sonho de Liberdade*, prova sua masculinidade ao escapar sozinho da prisão.

Enquanto o homem negro bruto, violento e hipermasculino pode ter surgido da imaginação pornográfica de brancos racistas, militantes antirracistas do movimento black power perversamente tinham o sentimento de que o homem negro nunca seria respeitado nesta sociedade se ele não parasse de se subjugar à branquitude e não se mostrasse disposto a matar. *Soledad Brother*, coletânea de cartas escritas pelo ativista George Jackson durante uma temporada na prisão, está cheia de homens negros ansiosos para mostrar lealdade à luta pela libertação negra por meio de sua disposição à violência. Paradoxalmente, ao abraçarem o *éthos* da violência, Jackson e seus companheiros militantes não estavam desafiando o patriarcado supremacista branco capitalista imperialista; inconscientemente, estavam reforçando-o. Ao se tornarem violentos, não precisariam mais se sentir excluídos das normas culturais.

A violência é a regra nos Estados Unidos. Orlando Patterson apresenta um pano de fundo que expõe o fascínio pela violência tão difundido nesta nação:

> Os Estados Unidos sempre foram um lugar violento. E, além de seu envolvimento com a escravidão, os euro-estadunidenses sempre exibiram um fascínio perverso pela violência. A violência dos homens euro-estadunidenses contra outros homens euro-estadunidenses e contra mulheres euro-estadunidenses não precisa nem mesmo de documentação. A lei da selva, do olho por olho, desempenhou e continua a desempenhar um papel central na cultura. [...] Entre os homens euro-estadunidenses há uma taxa mais alta de homicídio e outras formas de violência do que entre homens de qualquer outra sociedade industrial avançada. [...] A sociedade estadunidense é a única sociedade industrial avançada que pratica a pena de morte. [...] A experiência e o medo da violência entre os euro-estadunidenses não são novidade. [...] O mito estadunidense por excelência é o caubói. [...] O papel da violência e a reverência à arma são centrais para esse mito. [...] Assim, a violência não é apenas evitada e temida na cultura estadunidense; ela também é abraçada e romantizada.

Patterson traz o importante dado de que a maioria dos homens negros não é criminosa e ressalta que, na realidade, o criminoso típico é um euro-estadunidense:

E, se incluirmos crimes de colarinho branco na contagem, assim como a violência não declarada de [...] homens euro-estadunidenses contra suas esposas e filhos indefesos [...], então continua sendo verdade que os homens euro-estadunidenses não só cometem a maioria dos crimes violentos neste país, mas o fazem em número desproporcional.

Entretanto, ao projetar nos homens negros a característica da violência primitiva descontrolada, a cultura supremacista branca faz parecer que os homens negros personificam uma masculinidade patriarcal brutal que homens e mulheres brancos — e todos os outros — devem reprimir com armas. Triste e estranhamente, alguns homens negros acabaram por se tornar garotos-propaganda da masculinidade patriarcal e do ódio às mulheres.

Retrospectivamente, é óbvio que, durante o movimento pelos direitos civis, os Estados patriarcais supremacistas brancos reconheceram que seria uma questão simples encorajar a fascinação de homens negros pela violência. Embora a maioria das pessoas se lembre do relatório de Moynihan (1965), que sugeriu que homens negros seriam simbolicamente castrados por mulheres negras [ver p. 58], elas muitas vezes não sabem que a sugestão do autor para que os homens negros pudessem restaurar sua masculinidade era enviá-los para lutar em guerras. Os homens brancos agiam como se o comportamento patriarcal dos homens negros fosse aceitável porque os corpos destes eram necessários para travar batalhas, tanto as imperialistas no exterior quanto a de gênero na frente doméstica. Se o Estado patriarcal supremacista branco assim quisesse, poderia ter prendido e assassinado desde o início homens negros ativos nos movimentos black power por justiça racial. Mas servia aos interesses do Estado socializar os homens negros, afastando-os da não violência (que era, afinal, a poderosa posição ética que havia levado muitos brancos a se juntar à luta antirracista pelos direitos civis) e empurrando-os em direção à violência.

Se os líderes brancos não tolerassem a violência dos homens negros militantes, não teríamos nenhum corpo de literatura (publicado pelas principais editoras) convocando os homens negros para a luta armada. Cleaver inicia o livro *Soul on Ice* se gabando de praticar o estupro de mulheres negras como treino para o estupro de mulheres brancas. Conta, orgulhoso:

> Eu me tornei um estuprador. Para refinar minha técnica e meu *modus operandi*, comecei praticando com garotas negras no gueto, onde atos obscuros e cruéis não apareciam como aberrações ou desvios da norma, mas como parte da suficiência do Mal por um dia. Quando eu me considerei seguro o suficiente, cruzei os trilhos e comecei a procurar por uma presa branca. Fiz isso de forma consciente, deliberada, intencional e metódica. [...] O estupro foi um ato insurrecional. Encantava os homens que eu estivesse desafiando e atropelando as leis do homem branco, seu sistema de valores.

Esse livro foi um dos primeiros trabalhos elogiosos à violência publicados por um homem negro que se autoproclamava revolucionário, compartilhando com o mundo sua escolha consciente de se tornar a brutal besta negra da imaginação racista branca. Homens brancos poderosos e conservadores, liberais e radicais, não tinham medo da mensagem contida no trabalho de Cleaver; eles ajudaram a disseminá-la. *Soul on Ice* vendeu milhões de exemplares e, recentemente, foi reimpresso. Para um livro polêmico de não ficção de um escritor negro que expressava crenças machistas, misóginas e homofóbicas em um momento histórico no qual a libertação das mulheres e o movimento pela liberação sexual (com foco nos direitos dos gays) ganhavam força, o livro de Cleaver recebeu aclamação sem precedentes.

É como se os homens brancos patriarcais decidissem que poderiam fazer uso do machismo de homens negros militantes, deixando-o ser a primeira e mais alta voz da reação antifeminista. Pesquisas que analisaram as atitudes em relação aos papéis de gênero no final dos anos 1960 e início dos anos 1970 mostraram que os homens negros, em relação a outros grupos de homens, tendiam a apoiar muito mais a entrada de mulheres na força de trabalho e a paridade salarial entre gêneros. A voz de homens negros machistas e misóginos não era representativa. Contudo, foi ela que recebeu contínua atenção nacional. Não foram críticas astutas contra a política externa estadunidense ou contra o capitalismo que os cidadãos deste país mais ouviram de militantes black power. Quando apareciam nos meios de comunicação de massa, era apenas como agentes que proclamavam seu direito de violentar, de matar. Essa foi uma das contradições da retórica black power.

Em *Look Out, Whitey!*, Julius Lester critica a violência estadunidense, especialmente a opressão contra os negros, ao passo que, nas páginas seguintes, incita os negros a serem violentos. Em suas palavras:

> Os Estados Unidos têm a retórica da liberdade e a realidade da escravidão. Falam de paz enquanto soltam bombas. Falam de autodeterminação para todas as pessoas enquanto se movem

para controlar os meios de produção dos quais depende a autodeterminação [...] e, se procuramos sair deste mundo, somos banidos, espancados ou assassinados. O poder se mantém por meio da retórica e da força.

No início do último capítulo, Lester continua:

> É evidente que os Estados Unidos, como existem agora, devem ser destruídos. Não há outro caminho. É impossível viver neste país e não se tornar um ladrão ou um assassino. Jovens negros e brancos estão começando a dizer NÃO ao roubo e ao assassinato. O Poder Negro confronta o Poder Branco abertamente. [...] Nós o destruiremos ou morreremos destruindo.

Com uma visão política radical, Stokely Carmichael disse, em um discurso em Berkeley, em outubro de 1966:

> Eu não quero fazer parte da torta dos Estados Unidos [*American pie*]. A torta dos Estados Unidos significa violentar a África do Sul, derrotar o Vietnã, derrotar a América do Sul, violentar as Filipinas, violentar todos os países em que vocês estiveram. Eu não quero seu dinheiro sangrento. Eu não quero isso. Nós crescemos e somos a geração que se deu conta de que este país era uma potência mundial, o país mais rico do mundo. Nós devemos questionar como ele conseguiu sua riqueza. É isso que estamos questionando. E se queremos ou não que este país continue sendo o país mais rico do mundo ao preço de violentar todos ao redor do mundo.

Carmichael juntou-se aos seus colegas do black power na defesa da violência, mas sempre contextualizou seu apoio à violência fazendo uma distinção entre a violência revolucionária destinada a libertar os oprimidos e a violência dos opressores. Essas distinções vitais, todavia, nunca atingiram o grande público. O que as massas ouviram foi que os homens negros estavam prontos para matar.

Os homens negros socializados na cultura patriarcal para tornar a masculinidade sinônimo de dominação e controle, com o uso da violência, acreditaram que, durante a escravidão, a Reconstrução e a era Jim Crow, não puderam reivindicar a masculinidade patriarcal por medo da reação patriarcal branca e genocida. Quando homens brancos poderosos e racistas escolheram não reprimir de imediato os militantes negros que defendiam a violência, que agiam violentamente estuprando, matando e saqueando, parecia que os homens negros haviam por fim chegado lá, que sua masculinidade havia sido confirmada. Muitas das cartas de George Jackson para sua mãe publicadas em *Soledad Brother* expressam a raiva que ele sentia dela por ter domesticado a ele e seu irmão, por tê-los ensinado a não violência, por tê-los criado para serem "bons rapazes". Ele a acusa de reprimir sua masculinidade. Ao longo das cartas destinadas à família, a amigos e colegas, Jackson compartilha a visão romantizada da resistência violenta como caminho para a masculinidade. Compartilha sua crença inquestionável em ideais patriarcais. Jackson foi para a prisão aos dezoito anos por um pequeno delito. Depois de ser acusado de matar um carcereiro, recebeu uma sentença mais longa. Mais do que qualquer outro homem negro militante, ele sintetizava a rebeldia juvenil masculina negra ligada a uma conscientização política radical. Em *Soledad Brother*, com grande perspicácia e sinceridade, Jackson revela que a dor e a crise da luta de um jovem negro são autodeterminantes, mas sua suposição de que a resposta está na masculinidade patriarcal expressa pela violência é tragicamente ingênua. Ele escreveu para a mãe: "Sendo mulher, você provavelmente espera ser tiranizada e gosta disso [...] mas para mim isso é desprezível. [...] Você nunca quis que eu fosse um homem. [...] Você não quer que a gente resista e se defenda. O que há de errado com você, mamãe?". Em outras cartas, diz a ela que está sendo um bom menino. Jackson, como tantos outros homens negros, buscava a autodefinição — mas era incapaz de considerar alternativas à masculinidade patriarcal.

Seria muito fácil culpar esses homens negros por sua adoção acrítica do patriarcado, apesar de serem tão críticos em relação ao Homem.[12] O fato é que eram, e continuaram sendo, mesmo na morte, vítimas da socialização machista. Se tivessem tido sorte, poderiam ter sido guiados e orientados por alguns dos homens negros renegados, verdadeiros rebeldes contra a norma patriarcal. Não fosse pela sua homofobia, poderiam ter encontrado exemplos na escrita de homens negros gays. Na introdução de *Reed Reader* [O leitor de Reed], o romancista, poeta e ensaísta experimental Ishmael Reed revela que se inspirou no trabalho de James Baldwin. No entanto, muitos dos ativistas black power não citam nenhum homem negro mais velho que seja alvo de sua admiração, com o qual eles queiram se parecer. Na introdução de 1967 a *Soul on Ice*, Maxwell Geismar diz de Eldridge Cleaver que seu trabalho revela uma "inocência adolescente — a inocên-

---

[12] Mantivemos as iniciais maiúsculas do termo original, *The Man*. O conceito "O Homem" representa o pensamento patriarcal, heterossexual e conservador do homem branco. [N.E.]

cia do gênio". Esse espírito caracteriza a escrita confessional de muitos militantes negros. Também é evidente que há um grau esmagador de raiva reativa expressa nesses trabalhos, que têm a qualidade da escrita de um adolescente patologicamente narcisista choramingando porque não pode ter tudo o que quer ou porque o que ele deseja não é simplesmente dado a ele.

Quando Michele Wallace afirma, em *Black Macho and the Myth of the Superwoman* [O macho negro e o mito da supermulher], que "o revolucionário negro dos anos 1960 traz à mente a imagem de uma criança", ela reencena a mesma prática de terrorismo psicológico, humilhação e provocação que foram o terreno fértil para a nociva obsessão masculina negra por afirmar a masculinidade em primeiro lugar. Contudo, é importante examinar e nomear a conexão entre a aceitação da masculinidade patriarcal — e, consequentemente, de sua violência — pelos militantes negros dos anos 1960 e a mais recente aceitação passiva, por parte de muitos homens negros, da noção de que sua masculinidade exige que eles sejam predadores, assassinos por natureza, ou que simbolicamente se representem como tal (por exemplo, artistas ricos de rap que vivem em um contexto não violento, mas que pregam a violência). Muitos jovens negros andam por aí assumindo uma personalidade *gangsta* mesmo que nunca tenham cometido nem pretendam cometer atos violentos. No entanto, eles conspiram com a cultura patriarcal violenta assumindo esse papel e perpetuando o estereótipo racista/machista negativo segundo o qual "todos os homens negros são portadores da violência que tememos". E há um grande número de homens negros de classe baixa, sem esperança de futuro, que são ativamente violentos. Somam-se a esse grupo os homens negros que nunca agem com violência fora de casa, que não cometem crimes na rua, mas que, dentro de casa, na vida privada, são abusivos e violentos. Em geral, dados revelam que os homens negros estão mais violentos do que nunca nesta nação, e mais propensos a cometer atos de violência contra outra pessoa negra que considerem menos poderosa.

Boa parte da violência masculina negra é dirigida às mulheres. O machismo e a suposição do direito masculino de dominar servem como catalisadores para essa violência. No ensaio "Confessions of a Recovering Misogynist" [Confissões de um misógino em recuperação], Kevin Powell aponta para o fato de que homens negros na casa dos vinte e trinta anos criados na época da ascensão do movimento feminista são tão profundamente misóginos e machistas quanto os negros mais velhos. Ao falar sobre sua violência contra as mulheres (como parte da reparação), ele confessa:

> Eu, como a maioria dos homens negros que conheço, passei grande parte da vida sentindo medo. Medo do racismo branco, medo das circunstâncias nas quais nasci, medo de sair pela porta imaginando por qual humilhação passaria hoje. Medo de mulheres negras — de suas bocas, de seus corpos, de suas atitudes, de suas mágoas, de seu medo de nós, homens negros. Eu me sentia frágil, tão frágil quanto um pássaro com asas cortadas, e naquele dia minha ex-namorada jogou mais pesado e se posicionou contra os homens. Nada em meu mundo, nada em minha autodefinição, havia me preparado para lidar de igual para igual com uma mulher. Meu mundo dizia que as mulheres eram inferiores, que deviam, a todo custo, ser colocadas em seu lugar, e minha reação imediata foi fazer exatamente isso.

A violência de homens negros contra mulheres negras é a forma mais aceitável de expressão da masculinidade. Uma vez que o mundo racista machista branco vê as mulheres negras como vadias raivosas que devem ser mantidas sob controle, ele vira as costas para a violência de gênero entre os negros. A grande mídia nunca havia se importado com o fato de o jogador de futebol americano e ator O.J. Simpson ter abusado violentamente de suas parceiras negras, mas, quando ele foi acusado de assassinar uma mulher branca, a documentação já estava pronta para provar a violência cometida contra ela. Se o Estado patriarcal tivesse verificado seus atos de agressão quando eram apenas uma questão de "preto contra preto", O.J. poderia ter aprendido a não violência e talvez nunca tivesse machucado outra mulher fisicamente, incluindo sua esposa branca.

Hoje, os homens negros vivem em um mundo onde têm mais chance de serem notados quando agem violentamente. Além do caso O.J. Simpson, podemos citar a recente cobertura dos meios de comunicação, particularmente do jornal *The New York Times*, sobre a "batalha" entre Cornel West, professor negro de Harvard, e o presidente branco da universidade. (Ainda é assustador observar o fascínio que esta sociedade tem com a violência, a ponto de quantias absurdas de dinheiro terem sido ganhas com a exploração midiática do homicídio brutal de Nicole Simpson através da invocação do homem negro como um animal assassino à solta.) Ambos os casos são tiroteios simbólicos nos quais os homens negros assumem a posição de corpos hipermasculinizados fora de controle, enquanto os homens brancos (sejam executores da lei, sejam educadores) são vistos como os portadores da razão.

Se os homens negros são socializados desde o nascimento para abraçar a noção de que sua masculinidade será determinada pela possibilidade ou não de dominar e controlar os outros, e, apesar disso, o sistema político patriarcal supremacista branco capitalista imperialista impede a maioria deles de ter acesso a posições socialmente aceitáveis de poder e dominância, então eles reivindicarão sua masculinidade por meio de canais socialmente inaceitáveis. Eles encenarão rituais de sangue, usando a violência para submeter. Muitos ativistas black power eram homens raivosos, desapontados e desfavorecidos, incapazes de cumprir a promessa patriarcal a que pensavam ter direito apenas por terem nascido homens. Eles se fizeram visíveis por meio de um comportamento criminoso inaceitável, cometendo atos violentos. Mas, quando lhes foi dada a oportunidade de trazer um propósito positivo e um significado para suas vidas, por meio de uma luta legítima e socialmente aceitável pelos direitos civis, eles procuraram fazê-lo. E havia uma diferença entre a violência que eles perpetravam como comportamento criminoso e a violência empregada em nome dos direitos civis.

Em última análise, para usar as palavras de Julius Lester, eles foram capazes de ganhar e manter o poder usando "retórica e força". Mesmo que suas críticas à sociedade patriarcal branca estivessem corretas, Lester e seus companheiros não foram capazes de oferecer alternativas à estrutura existente, ou maneiras subversivas de viver dentro dela. Ele escreve:

> O Poder Branco cria uma condição básica sob a qual todos os que não têm poder devem viver: isso nos torna meeiros. Trabalhamos em empregos que não nos interessam para que possamos comprar

comida, pagar o aluguel e comprar roupas. Recebemos o suficiente para que possamos permanecer vivos e trabalhar e ganhar dinheiro para outra pessoa. Assim é a vida nos Estados Unidos.

Sem oferecer alternativas, suas críticas, como as de seus companheiros, não foram intervenções positivas. Elas lançaram as bases para a cultura do cinismo que se tornaria a norma assim que o movimento terminasse, o pensamento niilista que seria evocado para validar a violência pela violência.

Depois que os militantes black power perderam sua luta de resistência "armada" para o Estado patriarcal masculino branco, ficaram sem plataforma. Uma vez que suas plataformas (isto é, a forma como disseminaram a sua mensagem em nível nacional) lhes tinham sido dadas pelo próprio Estado patriarcal capitalista imperialista que eles diziam querer derrubar, ficou mais fácil silenciá-los. A grande mídia simplesmente ignorou qualquer aspecto positivo e contínuo da luta pela libertação negra. Suas mensagens valiosas de crítica social radical, seu chamado para acabar com a dominação racista e a demanda por justiça e liberdade para todos foram logo esquecidos pelas massas. As imagens que ficaram na memória de todos eram as de belos homens negros vestindo jaquetas de couro e boinas pretas, armados com metralhadoras, posicionados e prontos para atacar. A mensagem que perdurou foi a de que os homens negros eram capazes de produzir violência, de que eles se levantaram contra o homem branco, enfrentaram-no. Não importa o que tenham perdido na luta armada, eles provaram que eram homens por sua disposição para morrer. E, no limite, isso era tudo o que importava. George Jackson explicitou essa posição em uma carta de 1968: "O símbolo do homem aqui na América do Norte sempre foi a arma, a faca, o porrete. A violência é exaltada em todos os meios: a TV, os filmes, os livros mais vendidos. Os jornais que vendem mais são aqueles que trazem as manchetes mais ousadas e mais sangrentas, que fazem a maior cobertura esportiva. Morrer pelo rei e pelo país é morrer como um herói". Como heróis patriarcais mortos, os militantes black power tornaram-se ícones, celebridades mercantilizadas, e, ainda assim, sua compreensão crítica da natureza da dominação (incluindo sua visão do nacionalismo negro radical) não é estudada, ampliada ou tratada como ponto de partida para uma nova luta de libertação; ela foi, em grande parte, reduzida a sentimentalismo.

As teorias da superioridade negra, do "povo do sol" *versus* "povo do gelo",[13] substituem as leituras cuidadosas no materialismo histórico que eram a norma, bem como a visão de políticas de coalizão radical (se quiser saber mais sobre isso, leia a obra de Huey Newton). O jovem negro legal que hoje em dia se considera um radical, pronto para lutar pela causa, não está falando sobre o neocolonialismo, sobre a luta global. E, definitivamente, não está criticando o capitalismo. Fazer rap é seu caminho para dentro do sistema. O ativista radical e escritor Kevin Powell coloca o assunto em perspectiva:

---

[13] A autora faz, aqui, referência à controversa teoria de superioridade racial desenvolvida pelo ex-professor afro-estadunidense Leonard Jeffries (1937-), da Universidade da Cidade de Nova York. Segundo sua tese, os negros seriam o povo do sol (*sun-people*), guiado pelos valores ancestrais de família e comunalidade; seu contraponto seriam os brancos, ou povo do gelo (*ice-people*), baseado em características opressoras, colonizadoras, "frias", por assim dizer. De acordo com Jeffries, a pigmentação da pele daria aos negros superioridade intelectual e física em relação aos brancos. [N.T.]

> Embora eu não ache que o hip-hop seja mais machista ou misógino do que outras formas da cultura estadunidense, acho que é a forma mais explícita de misoginia hoje em dia. [...] O que as pessoas não entendem é que o hip-hop foi criado logo após a era dos direitos civis por homens negros empobrecidos e latinos, que literalmente fizeram algo do nada. Mas, ao fazer isso, muitos de nós, homens de cor, mantivemos firmemente as noções patriarcais brancas de masculinidade — isto é, o caminho para ser um homem é ter poder. [...] O patriarcado, como manifestado no hip-hop, é o espaço onde podemos ter a nossa versão de poder dentro desta sociedade tão opressiva.

O hip-hop é o lugar onde os jovens negros podem empregar a retórica que Julius Lester identificou como um aspecto central do poder. Os mais aclamados artistas negros de hip-hop estão ocupados demais sendo cafetões da violência, vendendo os estereótipos racistas/machistas do homem negro como predador primitivo. Mesmo que inclua a retórica radical de vez em quando, o artista de hip-hop que quer "nadar em dinheiro" não pode se dar ao luxo de radicalizar totalmente sua consciência. Com fome de poder, ele não pode guiar a si mesmo ou a qualquer outra pessoa no caminho da libertação. Geralmente, ele está apenas nostálgico com o passado ou busca refúgio em uma fantasia de separatismo cultural que não funciona no mundo do trabalho atual. Mas não entender o neocolonialismo é não viver plenamente no presente.

Talvez essa seja a maior tragédia do momento em que vivemos como nação em relação à masculinidade negra. A maioria dos homens negros está sendo encorajada, por meio da sua aceitação acrítica do patriarcado, a viver no passado, a ficar presa no tempo. Em geral, eles estão presos em um lugar de raiva. E esse é o terreno fértil para os atos de violência, grandes e pequenos, cometidos pelos homens negros. A violência masculina negra é raramente recompensada — não importa o que diga o mito patriarcal, O.J. Simpson pode andar pelas ruas, mas é um homem marcado; é uma vítima. E ele foi vitimado. O que aconteceu com O.J. foi um banquete público, um linchamento antiquado que nada tinha a ver com justiça para Nicole Simpson ou com o veredito ("inocente até que se prove culpado"). Se as autoridades brancas patriarcais estivessem de fato preocupadas com a vida de Nicole Simpson, teriam intervindo nos casos de violência cotidiana de O.J.

O patriarcado branco é tão misógino quanto o patriarcado negro e oferece a morte como o preço que todas as mulheres devem pagar caso saiam do "seu lugar". Fingindo buscar justiça para Nicole Simpson, o patriarcado supremacista branco imperialista canibalizou seu corpo mutilado para se banquetear com a carne negra masculina. Foi — e é — o novo "nascimento de uma nação".[14] Foi um anúncio público completo, emitido tanto pelo sistema legal machista e racista quanto pelos meios de comunicação, de que homens negros, sejam eles ricos ou pobres, ainda são apenas bestas demoníacas em forma humana que devem ser caçadas e abatidas. Em *Filho nativo*, Richard Wright descreveu o confronto de homens negros com o

---

14 Referência ao filme *The Birth of a Nation*, de 1915, considerado o primeiro grande sucesso de Hollywood. Ambientado na época da Guerra Civil e da posterior Reconstrução, é extremamente racista em sua caracterização dos personagens negros, considerados inferiores, ignorantes e animalescos, e na glorificação da Ku Klux Klan como organização heroica e necessária para resgatar os valores estadunidenses brancos. [N.T.]

patriarcado branco. Eis a explicação do personagem Bigger: "Eles te sufocam na face da Terra. Nem te deixam sentir o que você quer sentir. Eles te perseguem com tanta fúria que você só consegue sentir o que estão fazendo com você. Eles te matam antes de você morrer". Esse sentimento niilista é o cerne da questão. Uma vez que tantos homens negros, sobretudo jovens negros, sentem que têm os dias contados, apenas esperando para serem trancados (presos) ou subtraídos (assassinados), eles podem também abraçar seu destino: matar e ser morto.

Esses fatores levam muitos garotos negros a cultivar uma personalidade abusiva durante a infância. É uma defesa. Ensinados a acreditar que o mundo está contra eles, que estão condenados a ser vítimas, assumem uma postura vitimista — primeiramente, adotando os ideais de masculinidade patriarcal que tornam a dominação aceitável e, em seguida, recorrendo à misoginia e ao machismo como formas de experimentar seu primeiro uso da violência, psicológica ou física, para controlar outro ser humano. À medida que aprendemos mais sobre a biografia de homens negros ativos no movimento black power, ouvimos as histórias do abuso que cometeram contra mulheres. Levado a acreditar que um homem de verdade é destemido, insensível, egocêntrico e invulnerável (todos os traços que homens negros poderosos têm nos filmes), o jovem negro tende a bloquear todas as emoções que possam interferir nessa postura "legal". Todavia, é muitas vezes nas relações com as mulheres, em particular nos laços românticos, que os homens negros experimentam uma ruptura dessa postura. Eles respondem com raiva e predação sexual para manter sua atitude dominadora. Em seu livro sobre masculinidade negra, Ellis Cose reflete sobre as razões pelas quais homens negros são mais violentos em relacionamentos românticos. Sem fornecer respostas, sugere que "a maioria das coisas ruins que muitos homens negros são acusados de fazer com mulheres negras também parecem fazer com outras mulheres".

O rap misógino e a infraestrutura patriarcal dominada pelos homens brancos que o produzem encorajam o desprezo e a desconsideração masculina pelas mulheres. É a economia da plantation, segundo a qual os homens negros trabalham no campo do gênero e saem prontos para defender sua masculinidade patriarcal recorrendo a todo tipo de violência contra mulheres e homens que eles considerem fracos e afeminados. Embora o rap misógino intensifique o problema da violência masculina negra contra mulheres e crianças, ele não criou tal problema. O patriarcado disponibilizou a lógica e a socialização patriarcal que permitem aos homens colocá-lo em prática. Daí a falha dos poderosos em intervir no caso de abuso de O.J. Simpson contra a esposa.

O machismo nas comunidades negras, embora intenso, é tão comum que quase ninguém leva a sério a violência contra as mulheres. As ações violentas de um homem negro costumam ser explicadas como sua resposta ao racismo e à opressão econômica (se esse fosse o caso, as mulheres negras estariam atirando umas nas outras e sendo igualmente violentas com os homens negros). Na realidade, existem homens negros poderosos com "bons" empregos que ganham muito dinheiro e ainda assim agem com violência contra mulheres e crianças. Quaisquer que sejam as raízes da raiva masculina negra, são o pensamento e a prática machistas que os ensinam que é aceitável expressar essa raiva de forma violenta. O abuso de homens negros contra mulheres negras, tanto psicológico quanto físico, também está presente em relacionamentos de homens negros com outros homens negros. O homicídio de negros contra negros é uma das principais causas de morte na vida negra. Isso lembra a todos nós que o homem negro violento não tem senso de agência verdadeiro, nem vontade de viver verdadeira. Analisando a violência masculina negra a partir de sua experiência, Ice-T passou a entendê-la da seguinte forma:

> Sempre que alguém alcança poder, é inevitável que abusará desse poder. [...] A frustração se torna parte do comportamento agressivo e leva pessoas a atacar e ferir outras. Qualquer um que sofra algum tipo de dor está procurando se esforçar. Se você cresce em um ambiente agressivo, sua tolerância para a dor aumenta, e tem duas opções: ou você se torna extremamente gentil ou extremamente violento.

Ele vê o homem negro enfurecido como portador de um "mecanismo dentro dele que está tentando controlar" porque ele está "frustrado", "quase à beira da insanidade".

No patriarcado supremacista branco capitalista imperialista, os homens negros são socializados para serem viciados em raiva. Mas, enquanto estiverem descontando essa raiva em outras pessoas negras, ninguém se importa de verdade. Esse vício não será controlado até se tornar cada vez mais violento. Essa raiva muitas vezes tem raízes em uma infância carente de cuidados, na qual o abuso costuma ser a norma. Condenado à pena de morte, Jarvis Jay Masters escreve que, quando criança, aprendeu a ver a violência como algo normal:

> Meu padrasto tentava me ensinar a odiar. Disse que era para minha própria proteção. Ele me prendia entre as pernas e me dava tapas

na cabeça e no rosto até que a raiva enchesse meu corpo. Dizia: "Fique com raiva... lute, filho, lute", e eu obedecia. No fim, eu sentia dor, mas ficava mais triste por ele. Uma vez, pensei em esfaqueá-lo com uma faca de cozinha enquanto ele dormia, mas não consegui.

Evidentemente, essa doutrinação deixou Masters mais propenso às ações violentas que o levariam à prisão. Quase todos os homens negros violentos foram maltratados na infância. No entanto, eles ainda acreditam que a violência é uma forma aceitável de exercer poder, influenciar uma situação, manter o controle. Até que haja um programa nacional contra a violência masculina que comece não com um exame da violência que os homens impõem a mulheres e crianças, mas com a violência que os homens impõem a si mesmos e a outros homens, não acabaremos com a violência masculina.

Enquanto os homens negros não virem alternativas à masculinidade patriarcal, eles nutrirão sua fera interior e estarão sempre prontos para atacar. Agirão impulsivamente, conduzidos pela raiva reativa. No início dos anos 1990, o músico e crítico Greg Tate analisava, no ensaio "Love and the Enemy" [O amor e o inimigo], as limitações de qualquer movimento de libertação negra baseado apenas na retórica e na demonstração de força:

> Quando a raiva reativa é a forma dominante de nossa política, quando se aceita a violência da polícia ou da turba para inflamar uma resposta nossa, significa que há um nível aceitável de sofrimento e miséria. Quando os problemas que afetam nossa qualidade de vida não recebem a mesma atenção que nossas atividades antilinchamento, significa que temos um baixo nível de expectativa de vida. [...] Os guerreiros que precisamos que

se apresentem agora não são do tipo confrontador, mas curador: pessoas que saibam como chegar àquilo que realmente nos machuca, às feridas que não podemos ver e sobre as quais ninguém gosta de falar. Se as lideranças masculinas negras não reconhecerem a dor e o trauma sob a raiva [...], se não exercitarmos nosso poder de amar e curar uns aos outros cavando fundo em nossa ferida mútua, então estaremos lutando apenas pelo fim da supremacia branca — e não pelo resgate de suas vítimas.

A morte por suicídio, homicídio ou assassinato da alma ainda é tão e somente morte; não a vitória de uma causa, mas uma espécie de derrota. Quando homens negros são incapazes de ultrapassar a raiva reativa, eles são envolvidos pela violência, concordam com seu próprio abate psíquico e com as mortes reais que ocorrem quando os indivíduos não veem alternativas.

Modos alternativos e criativos de viver, ser e agir surgirão apenas quando houver educação em massa para a consciência crítica — um despertar para o fato de que a sobrevivência dos homens negros requer que eles aprendam a desafiar noções patriarcais de masculinidade, que eles reivindiquem a não violência como a única postura progressista possível em um mundo onde todas as vidas são ameaçadas pela guerra imperialista patriarcal. Se os homens negros efetivamente resgatassem o legado de Martin Luther King e acrescentassem a essa plataforma política a consciência da necessidade de acabar com a dominação masculina, eles poderiam dar fim à violência que destrói a vida masculina negra minuto a minuto, dia a dia. Não é por acaso que, justamente no momento em que a luta não violenta pelos direitos civis enraizada em uma ética de amor estava conseguindo acabar com a discriminação, reanimando a nação e o mundo — movimentos que incluíram uma crítica ao militarismo, ao capitalismo e ao imperialismo —, o Estado patriarcal supremacista branco deu uma atenção positiva sem precedentes aos homens negros que defendiam a violência. Não é por acaso que, conforme Malcolm X se afastava de um discurso separatista antibranco e se aproximava da consciência global sobre o neocolonialismo, conectando a luta antirracista nos Estados Unidos a lutas pela liberdade em outros lugares, sua voz foi silenciada pelo homicídio entre negros apoiado pelo Estado.

As verdadeiras agência e potência da luta de libertação negra foram sentidas quando os líderes negros se atreveram a abandonar os modelos primitivos de violência e guerra patriarcal e se moveram em direção a uma política de transformação cultural enraizada no amor. Essas perspectivas radicais e a luta de resistência adotada por eles levaram a uma maior liberdade. Como visões alternativas poderosas, encabeçadas por líderes negros carismáticos que não se envergonhavam de admitir erros, que eram humildes e estavam dispostos a fazer sacrifícios, elas representavam uma ameaça absoluta ao *status quo*. Essa é a masculinidade que os homens negros devem emular se quiserem sobreviver plenamente.

Para acabar com a violência masculina negra, os homens negros devem ousar abraçar aquela revolução de valores que Martin Luther King descreve em *Where Do We Go from Here* [Para onde vamos a partir daqui]:

> A estabilidade da nossa casa global envolverá uma revolução de valores para acompanhar a revolução científica e de liberdade

que energiza a Terra. Devemos começar rapidamente a mudança de uma sociedade orientada às coisas para uma sociedade orientada às pessoas. Quando máquinas e computadores, o lucro e os direitos de propriedade são considerados mais importantes que as pessoas, torna-se impossível derrotar os gigantes trigêmeos racismo, materialismo e militarismo.

Obviamente, a visão de King provou ser muito mais radical do que as visões políticas dos ativistas black power que abraçaram uma visão militarista da luta. Embora King não tenha vivido o suficiente para se submeter a uma política feminista que lhe permitisse criticar suas próprias ações negativas em relação às mulheres e modificá-las, ao insistir no poder de uma ética do amor ele estava oferecendo uma visão que, se realizada, desafiaria e mudaria o patriarcado.

A violência do homem é um problema central em nossa sociedade. A violência do homem negro simplesmente reflete os estilos e hábitos da violência do homem branco. Mas não só. O que é exclusivo da experiência do homem negro é a maneira como suas ações violentas muitas vezes recebem destaque e elogios da cultura dominante. Mesmo quando é condenada, a violência masculina negra é frequentemente endeusada. Como sugere Orlando Patterson, enquanto homens brancos puderem desviar a atenção de sua própria violência brutal para a dos homens negros, meninos e homens negros receberão mensagens contraditórias sobre o que é viril, sobre o que é aceitável.

Ao contrário da visão dos homens negros que defendiam o black power, não há liberdade em nenhum modelo dominante de relações humanas. Enquanto a vontade de dominar estiver presente, o contexto da violência também estará. Para acabar com nossa fascinação cultural pela violência — e sua imposição aos homens em geral e aos homens negros em particular, que carregam o peso dessa violência —, devemos escolher um modelo de parceria que estabeleça a interexistência como princípio em torno do qual se organizam a família e a comunidade. E, como Martin Luther King entendeu sabiamente, uma ética de amor deveria ser a base disso. No amor, não há desejo de violência.

05. coisa de homem: além da performance sexual

Sem dúvida, a sexualidade é o espaço no qual muitos homens negros tem perdido a posição de autoridade. Independentemente de classe, status, renda ou nível educacional, para muitos homens negros a sexualidade continua sendo um lugar assombrado pelo fantasma do comportamento disfuncional. Isso se deve, em parte, à convergência do raciocínio machista sobre o corpo negro, que sempre projetou nele uma hipersexualidade. A história do corpo masculino negro começa nos Estados Unidos com projeções, com a imposição de fantasias sexuais pornográficas machistas racistas brancas sobre esse corpo. A imagem do estuprador negro é central a essa fantasia.

Até que a integração racial se tornasse a norma, o medo do contato racial era sempre traduzido por pessoas brancas e racistas em um medo da sexualidade masculina negra. Os euro-estadunidenses que procuravam deixar para trás uma história de tortura brutal, estupro e escravidão dos corpos negros projetavam todos os seus medos nesses mesmos corpos. Se as mulheres negras foram estupradas na escravidão, era porque eram depravadas e sedutoras — ou pelo menos era isso que homens brancos diziam a si mesmos. Se os homens brancos tinham uma obsessão incomum pelo pênis dos homens negros, era porque precisavam compreender o primitivo sexual, a besta demoníaca solta no meio deles. E se, durante os linchamentos, eles tocavam a carne queimada, expunham partes íntimas e cortavam pedaços de corpos masculinos negros, não viam de modo algum nesse sacrifício ritualístico uma explicação para sua obsessão com corpos negros, carne nua e sexualidade. (Lembremos que o número de linchamentos de pessoas negras aumentou com o fim da escravidão.) Tal tortura ritualística sexualizada do corpo negro indica a intensidade tanto do ódio branco contra corpos negros quanto de seu desejo de consumir esses corpos em um canibalismo simbólico sexualizado.

"Feast of Blood" [Banquete de sangue], importante ensaio de Orlando Patterson, explora esse fenômeno. Ele explica que as partes do corpo dos negros linchados eram frequentemente fotografadas, e as imagens, vendidas. Em alguns casos, partes do corpo chegavam a ser comercializadas. O autor escreve: "Se a vítima era às vezes forçada a canibalizar o próprio corpo, sempre acontecia de os linchadores euro-estadunidenses canibalizarem o da vítima". A maioria dos homens negros era linchada como retaliação por seus ataques a homens brancos. Entretanto, na imaginação do público, tanto no passado como no presente, o linchamento está associado à sexualidade. Patterson afirma que os brancos queriam desesperadamente acreditar que os linchamentos eram uma resposta à violência dos homens negros e "persistiram nessa crença mesmo quando confrontados com a evidência contraditória dos próprios linchadores". Além disso, explica:

> A ideia de homens afro-estadunidenses resistindo e lutando contra os ultrajes que se apoderaram deles era tanto um anátema

quanto a fantasia de homens afro-estadunidenses cobiçando as mulheres euro-estadunidenses. Assim, a ênfase distorcida na acusação de estupro e tentativa de estupro realizou dois objetivos de opressão "racial" de uma só vez. Promovia a imagem do homem afro-estadunidense como um demônio sexual e, ao mesmo tempo, negava-lhe toda a masculinidade.

Esse é o pano de fundo histórico perverso que moldou a sexualidade masculina negra, as maneiras pelas quais os homens negros veem e sentem seus corpos e as maneiras pelas quais eles são vistos e sentidos pelos outros.

Tem havido pouca ou nenhuma especulação sobre as sexualidades dos homens africanos antes de sua vinda para este país, seja como indivíduos livres imigrados, seja como cativos escravizados. Todavia, um fato é mais do que evidente: corpos masculinos negros não estavam chegando ao novo mundo obcecados por sexualidade; eles vinham de contextos onde a sobrevivência coletiva era mais importante do que a atuação do desejo sexual, e estavam chegando a um lugar onde a sobrevivência era mais importante que o desejo sexual. É sempre difícil para os ocidentais lembrar que existem regiões no mundo onde a contínua obsessão pela sexualidade que caracteriza a vida na Europa e nas Américas simplesmente não se aplica. Como a sexualidade no Ocidente tem sido vinculada a fantasias de dominação desde seu início (a dominação da natureza, das mulheres), os africanos do chamado novo mundo entraram automaticamente em um cenário em que a escrita sexual estava codificada com rituais sadomasoquistas de dominação, poder e jogo. Sabemos, pelas narrativas de escravizados, que homens e mulheres negros estranharam a obsessão dos colonizadores brancos pela sexualidade. Naturalmente, eles temiam que as obsessões sexuais brancas os levassem a ser alvo de raiva racializada e sexualizada. Para as mulheres negras, ser um alvo significava estupro e mutilação; para homens negros, linchamento e mutilação. Não é então de admirar que, em relação à sexualidade, Harriet Jacobs descreva a vida na casa de proprietários racistas brancos como "uma gaiola de pássaros obscenos". Dentro dessa gaiola, homens negros trabalhando pela liberdade esperavam se dissociar de estereótipos sexuais racializados. Até mais do que senhores de escravos puritanos brancos, eles abraçavam a noção religiosa do corpo e da sexualidade como pecaminosas e endossavam noções vitorianas de pureza e pecado. O fim da escravidão e a subjugação abjeta nos anos imediatamente posteriores à escravidão libertaram o corpo negro de sua contenção no âmbito da fantasia sexual racializada branca. Vivendo em uma cultura que erotizava a dominação e a subordinação, homens e mulheres negros livres trabalharam para construir modos de ser e viver compatíveis com suas experiências particulares. A formação de comunidades segregadas, que retiraram o corpo negro do olhar pornográfico branco, abriu um espaço de possibilidade sexual.

Os homens negros entraram no século xx com pouquíssimas mudanças em seu status público de subordinados no patriarcado supremacista branco capitalista imperialista, mas a mudança mais radical aconteceu na esfera privada, no campo do corpo negro e de suas políticas sexuais. No mundo doméstico, um mundo segregado, longe do olhar pornográfico voyeurista da branquitude, homens e mulheres negros tinham a liberdade de explorar sua sexualidade, recuperá-la e redefini-la. No início do século XX, homens e mulheres negros procuravam criar uma sexualidade alternativa enraizada no desejo e no prazer sensual, distinta da sexualidade reprimida dos racistas brancos e do puritanismo que havia sido adotado como um escudo protetor para afastar os estereótipos racistas/machistas sobre a sexualidade negra. Se os homens negros eram considerados hipersexuais de uma forma negativa aos olhos dos brancos, na subcultura da negritude eram considerados sexualmente saudáveis; se o corpo do homem negro era tido como demoníaco aos olhos dos estereótipos machistas racistas brancos, no mundo da cultura negra segregada era considerado erótico, sensual, capaz de dar e receber prazer.

Abraçando as noções patriarcais de masculinidade, os homens negros pensavam que o sexo era provocado, em primeiro lugar, pelo desejo masculino. No ensaio "Patriarchal Sex" [Sexo patriarcal], Robert Jensen explica: "Sexo é foder. No patriarcado, há um imperativo para foder — no estupro e no sexo 'normal', com estranhos, namoradas e esposas e mulheres recém-separadas e crianças. O que importa no sexo patriarcal é a necessidade masculina de foder. Quando essa necessidade se apresenta, ocorre o sexo". Grande parte da subcultura da negritude nos primeiros anos do século XX foi criada em reação e resistência à cultura que os brancos buscavam impor aos negros. Como a branquitude reprimia a sexualidade negra, no espaço subcultural da negritude o desejo sexual era expresso com graus de abandono desconhecidos na sociedade branca. Ao contrário das mulheres brancas que se afastaram do sexo heterossexual por medo da gravidez indesejada, as mulheres negras abraçaram a noção de que era o destino biológico de uma mulher produzir bebês. Se as relações sexuais levassem à gravidez, então não se poderia apenas aceitar esse destino, mas regozijar-se nele.

Os homens negros que desejavam gritar ao mundo que estavam envolvidos no sexo patriarcal que tinha a foda como centro poderiam fazê-lo, espalhando suas sementes e fazendo bebês. Nas comunidades negras segregadas, os homens em posições de poder (líderes políticos, pastores, professores) usavam sua autoridade para assediar ou seduzir sexualmente mulheres dispostas ou não a isso. Equilibrando a masculinidade com a foda, muitos homens negros viam status e sucesso econômico como sinônimos de conquista sexual sem fim. Jensen escreve que o "currículo para a educação sexual de um menino estadunidense normal" ensina a eles que devem "foder mulheres" ou foder alguém. Adicionada a essa lição, diz Jensen, havia uma noção de que os homens devem "foder o máximo de mulheres quantas vezes puderem enquanto conseguirem se dar bem" ou "foder muitas mulheres até cansar disso e então encontrar uma para se casar e só foder com ela". Na vida afro-estadunidense segregada, o sexo patriarcal não foi apenas o meio para a afirmação da masculinidade; foi também reconceitualizado no espaço da negritude como um prazer para homens negros que não estavam recebendo todas as vantagens da masculinidade patriarcal em cenários onde os homens brancos ainda controlavam o espetáculo.

Apesar da contínua exploração e opressão racial, quando se tratava de performance sexual os homens negros no mundo segregado da sexualidade negra podiam controlar tudo e ser a estrela do show. Nesse mundo, homens negros de qualquer classe, sozinhos ou em grupo, poderiam encontrar uma afirmação de seu poder nas conquistas sexuais. Se, como sustenta

Steve Bearman no ensaio "Why Men Are So Obsessed with Sex" [Por que os homens são tão obcecados por sexo], todos os homens compreendem o sexo como o local onde podem experimentar "o grande mistério da vida", o sexo será mais valorizado por grupos de homens que sentem que seus caminhos para a realização são limitados. Sobre o condicionamento sexual masculino, Bearman argumenta:

> Direta e indiretamente, temos a sexualidade como o único veículo através do qual ainda é possível expressar e experimentar o aspecto essencial da humanidade que tem sido lenta e sistematicamente condicionada fora de nós. [...] É por isso que os homens são tão obcecados por sexo. Nascemos criaturas sensuais, com uma capacidade ilimitada de sentir e uma propensão sem esforço a se conectar profundamente com todos os seres humanos. Somos então submetidos a um condicionamento contínuo para reprimir a sensualidade e os sentimentos entorpecidos, ignorar nossos corpos e nos separar de nossa proximidade natural com nossos semelhantes. Todas essas necessidades humanas são prometidas a nós por meio do sexo e da sexualidade.

É óbvio que o sexo nunca pôde satisfazer a todas essas necessidades, mas os homens negros ainda o procuram como se isso fosse possível.

Como ocorre com muitos homens na sociedade patriarcal, a luxúria masculina negra é alimentada pela repressão sexual. No ensaio "Fuel for Fantasy: The Ideological Construction of Male Lust" [Combustível para a fantasia: a construção ideológica da luxúria masculina], Michael Kimmel relaciona a repressão sexual ao machismo, jogando luz sobre o modo como suposições machistas levam os homens a noções contraditórias sobre o papel das mulheres no desejo sexual. Kimmel escreve: "A repressão sexual produz um mundo em que o não sexual é constantemente erotizado — na fantasia, recriamos mentalmente o que perdemos na vida real". Para muitos homens negros, a fantasia não é sobre algo que foi perdido, mas sobre o que é visto como ausente, inatingível. E, para muitos homens negros, o que falta é o potente senso de masculinidade que eles dizem ser a única forma de poder que podem possuir. Se um homem negro não possui essa potência na vida real, então ele pode fazê-lo na fantasia. Daí a afirmação de Kimmel de que "o prazer sexual raramente é o objetivo de um encontro sexual; algo muito mais importante está em questão, o senso de si mesmo como homem". O senso masculino de escassez sexual e uma necessidade quase compulsiva de sexo para confirmar a masculinidade se retroalimentam, criando um ciclo sem fim de privação sexual e desespero.

Na iconografia da sexualidade masculina negra, a foda compulsiva obsessiva é representada como uma forma de poder, mas, na realidade, é uma indicação de extrema impotência. Embora os mitos sexuais projetem a imagem do homem negro como "ladrão de mulher", um herói erótico que leva uma vida de prazer eterno, por trás da máscara permanece a realidade do sofrimento. "Ele não consegue ter satisfação." Essa falta de satisfação é terreno fértil para a raiva, e a raiva é o contexto da violência sexual. Ele pode culpar as mulheres por sua incapacidade de se satisfazer com elas, pode vê-las como a causa de seus sentimentos de impotência. Kimmel sugere que a maioria dos homens não se sente poderosa; longe disso, eles "se sentem impotentes e muitas vezes ficam zangados com as mulheres, que percebem ter poder sexual sobre eles: o poder de excitá-los e de permitir ou não o sexo". Essas atitudes alimentam "fantasias sexuais e o desejo de vingança". Alguns homens negros têm sido mais transparentes sobre a raiva e o ódio que sentem das mulheres, às vezes até mesmo se gabando de suas práticas de violência sexual. Esse aspecto do rap misógino é assustador. Revela até que ponto os homens negros patriarcais, bem como os homens em geral, veem a sexualidade como uma zona de guerra onde devem afirmar seu domínio. Se não podem afirmar esse domínio na vida real, então ele pode ser afirmado no reino da fantasia. Daí o desejo pela pornografia patriarcal.

Precisamente porque os homens negros sofreram e sofrem tanta desumanização no contexto do patriarcado supremacista branco capitalista imperialista, eles trouxeram à esfera sexual um nível de compulsão que muitas vezes chega a ser patológico. Steve Bearman diz que "o sexo logo se torna viciante para a maioria dos homens". E é ainda mais viciante para os homens negros, porque a sexualidade é o principal espaço onde lhes dizem ser possível encontrar satisfação. Independentemente dos assaltos diários à masculinidade que ferem e debilitam, o homem negro é encorajado a acreditar que o sexo e a cura sexual aliviarão sua dor. Bearman escreve:

> O sexo, que se revelará como a resposta à sua solidão e ao seu estado de morte, acabará reforçando esses sentimentos. Você se sentirá mais vivo quando pensar ou se envolver em sexo do que em qualquer outro momento. Quando você experimenta o sexo, você fica mais próximo de outro ser humano do que é capaz de recordar já ter sido. [...] E assim, quanto mais se aproxima, mais medo você sentirá. E você encontrará maneiras de

recuar e começará a acreditar que não é seguro e que está tão sozinho quanto sempre se sentiu. Você culpará seu parceiro ou a si mesmo pela inadequação e pela incapacidade de fazer sexo para voltar ao ser grande, vulnerável, corajoso e livre que você nasceu para ser. Mas porque o sexo torna disponíveis certo sabor, certo vislumbre, você será levado a procurá-lo como a solução para o seu dilema em tamanho real.

Essa análise perspicaz oferece um paradigma útil para a compreensão da sexualidade compulsiva dos homens negros. O sexo se torna o campo de batalha por excelência, onde a liberdade pode ser buscada em um mundo que nega aos homens negros o acesso a outras formas de poder libertador.

Quando o movimento por liberação sexual se cruzou com a integração racial nos anos 1960, pela primeira vez os negros puderam estabelecer um discurso público sobre sua sexualidade. No entanto, o que eles revelaram foi, em primeiro lugar, a obsessão sexual pela pornografia. Traficantes negros trabalhando como cafetões se vangloriavam de ser *pussy gangsters*,[15] comprazendo-se em sua misoginia e no ódio às mulheres. O livro *Soul on Ice*, de Eldridge Cleaver, foi em parte uma confissão sexual, revelando não só a sua necessidade de controlar corpos femininos, mas também sua obsessão por foder/estuprar mulheres brancas como forma de vingar-se dos homens brancos que o oprimiam. Em vez de repudiar a imagem estereotipada negativa do homem negro como um estuprador predador e cheio de desejo, Cleaver reivindicou essa identi-

---

[15] Na cultura estadunidense popular, *pussy gangster* é o sujeito que se considera um conquistador de mulheres. [N.T.]

dade como central para sua definição do ser negro masculino. Orgulhoso de estuprar mulheres negras como um "treino" para estuprar mulheres brancas, ele afirma: "Enquanto eu estava estuprando suas mulheres [...] sentia que estava me vingando". O discurso público sobre a sexualidade masculina negra floresceu nos anos 1960 e no início dos 1970 e logo tornou-se o espaço para homens negros se gabarem abertamente de serem mais competentes no sexo do que os homens brancos; para se orgulharem de que, enquanto homens brancos poderiam dominá-los em outras esferas de poder, quando se tratava de sexualidade o domínio era dos negros. E os homens negros que falavam sobre sexo abertamente se gabavam sempre e somente da conquista e da penetração. No capítulo sobre sexo em seu livro de memórias *The Ice Opinion*, Ice-T compartilha sua crença de que a predação sexual é normal entre os homens: "Homens são cães. Eles querem cheirar e foder, agora ou o quanto antes. [...] Esse instinto simplesmente está nos homens. [...] O impulso sexual é tão poderoso que um homem é capaz de entrar nessa espiral em que fará qualquer coisa. [...] O nome disso é insanidade de pau duro". Bearman afirma que o sexo patriarcal insiste na penetração. A base dessa maneira de pensar sobre o intercurso sexual heteromachista é descrita por Bearman como "masculino-dominante-feminino-subordinado-cópula-cuja-totalidade-e-propósito-é-a-ejaculação-masculina". Na sociedade patriarcal, muito do que se diz sobre o predador sexual heterossexual se aplica também a homens gays, já que ambos os grupos são socializados para buscar o sexo patriarcal. Através da fascinação da cultura dominante pelo homem negro como garanhão hipersexual, eles são capazes de mascarar sua sensação de impotência, sua impotência sexual psicológica, assim como seus hábitos sexuais disfuncionais obsessivo-compulsivos.

Privados de um modelo saudável de sexualidade masculina negra, muitos homens negros seguem o roteiro patriarcal racializado. Os homens negros que cooperam com sua própria desumanização sexual frequentemente o fazem porque adquiriram consciência sexual por meio do abuso, muitas vezes nas mãos de outro homem negro. O terapeuta masculino George Edmond Smith inclui um capítulo sobre abuso sexual em seu livro *Walking Proud: Black Men Living Beyond the Stereotypes* [Andar com orgulho: homens negros além dos estereótipos]. Sem pudor, Smith admite: "Me surpreende a frequência com que homens negros me revelam que foram abusados sexualmente quando crianças [...]. Garotos que são abusados sexualmente ou abusados de qualquer outra maneira são propensos a comportamentos negativos quando adultos, e muitas vezes se tornam abusivos para os outros". O filme *Sweet Sweetback's Baadasssss Song* [A canção maneira do doce Sweetback], de Melvin Van Peebles, de 1971, descreve graficamente o abuso sexual de um jovem negro por uma mulher. E, mesmo que o filme tente retratar essas cenas de sexo como "legais", o garoto transparece medo. Contudo, o sexo é oferecido como um rito de iniciação que o introduz na masculinidade. No perspicaz livro *Soul Babies: Black Popular Culture and the Post-Soul Aesthetic* [Bebês do soul: cultura popular negra e estética pós-soul], Mark Anthony Neal identifica a forma como os homens negros são retratados na imaginação pornográfica patriarcal como encarnando o sexo rústico. Ele escreve sobre *Sweet Sweetback*: "A natureza desapaixonada e profissional da atividade sexual de Sweetback é largamente baseada em seu papel como profissional do sexo". Sweetback ganha a vida e uma notoriedade inicial se apresentando em "shows sexuais" em um prostíbulo local. Aprimora suas habilidades sob a tutela especializada das mulheres do bordel em que é criado. Essa conexão é feita muito cedo no filme, quando um Sweetback ainda jovem, interpretado pelo filho adolescente de Van Peebles, Mario, é submetido a uma forma de estupro, retratado no filme como um rito de passagem.

Abusado sexualmente por uma prostituta adulta, o jovem negro é dominado pelo medo. Ele não teme apenas que seu desempenho seja insatisfatório; teme também que a incapacidade de servir sexualmente a uma mulher o marque como indigno de ser homem. Neal explica:

> Sobre essa cena, um dos fundadores do Partido dos Panteras Negras, Huey Newton, sugeriu que a mulher "o batiza [Sweetback] em sua verdadeira masculinidade". Assim como a violência sexual que Sweetback comete no final do filme, a lógica de Newton fala muito sobre a submissão dos corpos mais fracos da comunidade negra, neste caso, crianças, em nome de promover a plataforma "revolucionária" dos patriarcas dominantes.

Seja o estupro praticado por mulheres e homens mais velhos ou por outros garotos na infância, o abuso sexual generalizado de meninos negros recebe pouca ou nenhuma atenção. O filme *Voltando a Viver* (2002), baseado em uma história real, destacou o abuso sexual traumático de um menino por uma adolescente. Mas essa foi uma rara representação. Os meninos negros são frequentemente encorajados a se envolver em relações sexuais com mulheres adultas por homens que acham que isso é legal. George Edmond Smith descreve um cliente que, aos dez anos, fez sexo com uma mulher. Ela, uma prostituta, foi levada pelo pai do menino como um presente de aniversário. "Em nossa discussão em grupo, ele recordou o evento como algo 'legal', na tentativa de impressionar os outros." Entretanto, na realidade, essa experiência de abuso sexual inadequado se mostrou traumática:

> O membro do grupo acabou compartilhando conosco como a prostituta tinha sido agressiva com ele e como ele se sentiu desconfortável durante todo o encontro. Quando criança, não era maduro o suficiente para lidar com o impacto emocional de um encontro sexual. Como adulto, experimenta uma forte necessidade de mostrar às mulheres o quão adequado ele é sexualmente. Além disso, tem sido incapaz de sustentar qualquer relacionamento íntimo de longo prazo com uma mulher por causa de sua necessidade constante de se provar sexualmente.

Essa é, provavelmente, uma das narrativas mais comuns de abuso sexual na vida negra: um garoto forçado a fazer sexo com uma mulher mais velha contra a sua vontade, porque o pensamento patriarcal sobre sexo sugere que esse é um rito de passagem aceitável para um menino. Quando o perpetrador sexual é um homem, o menino não tem um roteiro de frieza sexual que lhe permita processar abertamente essa experiência, de modo que ele deve internalizar e esconder sua vergonha e sua dor.

Discursos públicos de homens negros sobre sexualidade apontavam o dedo para homens brancos e os acusavam de serem maricas incapazes de ficar de pau duro e manter-se assim. O homem negro que não conseguia demolir o poder masculino branco com armas estava usando o seu pau para "humilhar" homens brancos e, ao fazê-lo, subjugá-los sexualmente. Essa competição sexual conduzida pela retórica masculina negra criou uma janela de oportunidade para os brancos reavivarem abertamente sua obsessão pornográfica pelo corpo masculino negro sem que isso parecesse racista. De fato, homens brancos eram o grupo mais fascinado e entretido por histórias masculinas negras de predação sexual.

Grande parte da literatura de não ficção "badalada" de homens negros no início dos anos 1970 que proclamavam suas proezas sexuais encontrou uma tendência correspondente na não ficção masculina branca "badalada", na qual a expressão de inveja e desejo do corpo masculino negro era comum. Manifestando o seu fascínio pelo homem negro "legal", o escritor branco Jack Kerouac declarou: "O melhor que o mundo branco tinha a me oferecer não era extâse bastante para mim, não era vida suficiente, nem alegria, excitação, escuridão, música, não era noite suficiente". A liberação sexual que se cruza com os direitos civis e a libertação das mulheres abriu a caixa de Pandora da sexualidade racializada, revelando que pouco havia mudado. Enquanto as mulheres brancas podiam, no contexto da integração racial, dar a conhecer seu desejo sexual por homens negros, e vice-versa, na maioria das vezes o desejo era articulado e negociado dentro dos limites dos arquétipos machistas racistas. Incorporado em grande parte da literatura sobre a autodeterminação negra e o black power publicada nos anos 1960 e 1970, havia um subtexto sobre a sexualidade masculina negra, o que silencia discursos abertos de sexualidade negra saudável. A representação gráfica constante da masculinidade negra como castrada e emasculada tornou-se o roteiro de vitimização que muitos homens negros empregaram para desviar o foco e a crítica da natureza compulsiva e obsessiva de sua sexualidade, bem como a justificativa para a representação sexual. Apesar do poder do patriarcado do homem branco, é difícil imaginar que qualquer homem branco fosse celebrado no final dos anos 1960 (no auge do movimento de libertação das mulheres) por ser um estuprador. Ainda assim, alguns homens negros, cortesia de Eldridge Cleaver e outros, estavam alimentando o fogo das fantasias pornográficas machistas e racializadas brancas, proclamando ser, de fato, os demônios sexuais que os brancos sempre tinham pintado.

No final dos anos 1970, o temido corpo masculino negro, ainda desejado, tornara-se tão objetificado quanto durante a escravidão; apenas uma reviravolta aparentemente positiva havia sido acrescentada à objetificação machista racista: o corpo masculino negro se tornara o local da personificação do desejo de todos. No contexto social contemporâneo do desejo sexual hedonista, em que as fantasias de dominação e submissão são representadas como algo "legal", o linchamento, a castração e a canibalização reais do corpo masculino negro são substituídos pelo abate e pelo consumo simbólicos. O terrível corpo masculino negro é transfigurado no corpo desejado. Essa mudança criou uma oportunidade igual para todos no terreno sexual. Como Cornel West explica no ensaio "On Black Sexuality" [Sobre a sexualidade negra], a "corrente cultural underground de interação inter-racial aumentou" e abriu um espaço onde havia "acesso branco aos corpos negros em uma base de igualdade". Mas, como West aponta, essa mudança acontece em um contexto no qual ainda não há desmitologização da sexualidade negra. Pessoas brancas procuram o corpo negro para confirmar que ele é a carne exótica de suas fantasias. Dentro dessa economia do desejo, que é tudo menos igualitária, "a sexualidade masculina negra hipermasculina" é feminizada e domada por um processo de mercantilização que nega sua agência e a faz servir aos desejos dos outros, sobretudo ao desejo sexual branco. Em *Rituals of Blood*, Orlando Patterson escreve:

> Não é mais necessário que a imagem do corpo masculino afro-estadunidense seja usada indiretamente pelos artistas euro-estadunidenses, mascarando-se nele. O corpo masculino afro-estadunidense — como superatleta, artista irresistível, ativista moderno da contracultura, criminoso sexual, gângster, rapper "cheio de pose", ícone da moda — agora está diretamente acessível como a representação dionisíaca da nação, o filho de Zeus interpretando a si mesmo, usando a máscara suprema, que é a semelhança de si mesmo.

Esse é o único caminho para a visibilidade que os homens negros recebem permissão para trilhar no patriarcado supremacista branco capitalista imperialista.

Em "On Black Sexuality", Cornel West sugere que "o medo que o branco sente da sexualidade negra é um ingrediente básico do racismo". Todavia, a canibalização contemporânea de corpos masculinos negros sexualizados no controle popular sugere que os brancos encontraram uma via para superar esse medo. No ensaio "Feminism Inside: Toward a Black Body Politic" [Feminismo por dentro: em direção a uma política do corpo negro], escrevo:

Dentro do patriarcado capitalista neocolonial supremacista branco, o corpo masculino negro continua a ser percebido como a personificação da afirmação hipermasculina bestial, violenta, do pênis como arma. As psico-histórias do racismo branco sempre alertaram para a tensão entre a construção do corpo masculino negro como perigo e a erotização subjacente que imagina esse corpo como um espaço para o prazer transgressor. Foi necessária a mercantilização contemporânea da negritude para ensinar ao mundo que essa ameaça percebida, real ou simbólica, pode ser difundida por um processo de fetichização que torna feminina a "ameaça" masculina negra através de um processo de objetificação patriarcal.

Em um tempo no qual os homens negros estão perdendo terreno em todas as frentes e, em muitos casos, perdendo a vida, em vez de criar uma política de resistência muitos homens negros estão simplesmente aquiescendo e assumindo o papel de menestrel sexual. Explorando os estereótipos machistas racializados do *mainstream*, eles "concordam para não desagradar", não sentindo raiva de terem que desempenhar o papel de estuprador ou garanhão hipersexual para obter visibilidade.

Muitos homens negros mulherengos sofreram abuso sexual traumático na infância. Isso os assusta pelo resto da vida. E, quando recebem a mensagem da cultura de que homens de verdade devem ser capazes de suportar o abuso como um rito de passagem e ressurgir com sua agência sexual intacta, não há espaço cultural para articularem a experiência do abuso e reconhecerem que estão danificados e precisam de cura sexual. O terapeuta John Bradshaw identifica o abuso emocional como a forma mais comum de abuso infantil, que em muitos casos estabelece a base para o abuso físico e sexual.

Ele sustenta que "o abuso emocional inclui a ridicularização de todas as emoções, xingamentos e rótulos, julgamentos e ensinamentos sádicos". Na vida familiar negra, essas práticas frequentemente são colocadas sob a rubrica do *"signifying"*,[16] e uma criança que responda a elas expressando dor — sobretudo um filho — é forçada a suportar mais humilhação.

Tendo em vista que os homens negros, em especial os acadêmicos, interpretaram o *signifying* como um aspecto positivo da cultura negra, tem sido praticamente impossível discutir os efeitos traumáticos que ele teve sobre a individualidade masculina negra. Uma vez que muito do *signifying* recai sobre o âmbito sexual, esse é muitas vezes o contexto emocionalmente abusivo em que os meninos negros são feridos de maneira traumática. Eles não podem expressar sua dor porque dizem a eles que devem suportar esses ritos de iniciação para se tornar "homens". É esse fundamento inicial de abuso emocional em torno da questão da sexualidade que prepara meninos negros para a vitimização sexual e/ou o abuso físico. O abuso físico causa uma vergonha do próprio corpo. Bradshaw explica: "Quando somos agredidos, e agredidos com frequência e sem aviso, nosso limite corporal é violado. Sentimos que não temos proteção. A mensagem que recebemos é a de que qualquer adulto tem o direito de nos tocar, atingir ou humilhar". Ampliando a definição de abuso sexual, Bradshaw sugere que ele pode tomar as seguin-

---

[16] Na tradição afro-estadunidense, *signifying* diz respeito a práticas de deslizamento semântico e argumentação indireta com efeito retórico. Parte do princípio de que os interlocutores compartilham um conhecimento comum acerca daquilo a que a linguagem figurada em uso se refere. [N.T.]

tes formas: abuso sexual físico; abuso sexual evidente (voyeurismo, exibicionismo); abuso sexual encoberto (geralmente, por meio de conversas sexuais, como um homem chamando mulheres de putas ou vadias). O último tipo também envolve normalmente uma falta de informação sexual adequada, incompreensão de limites (por exemplo, testemunhar comportamento sexual adulto) e abuso sexual emocional. Muitos garotos negros se envolvem em comportamentos sexuais precoces com crianças da mesma idade. Bradshaw diz que isso nem sempre é sexualmente abusivo: "A regra geral é que, quando uma criança está experimentando o 'agir' sexual nas mãos de uma criança três ou quatro anos mais velha, isso é considerado abuso sexual". Uma vez que esta sociedade considera homens negros como machos hipersexuais, o abuso sexual de meninos negros não é sequer reconhecido. Ou, quando é reconhecido, supõe-se que não foi traumático. Assim como o terapeuta George Smith, ouço muitas histórias de abuso sexual em minhas entrevistas e conversas com homens negros. E, como Bradshaw enfatiza em *Healing the Shame That Binds You* [Curando a vergonha que o oprime], a criança abusada sexualmente muitas vezes se torna um viciado sexual, reencenando violações sexuais ou físicas.

O pano de fundo do abuso sexual na vida masculina negra explica por que tem sido difícil para alguns homens negros resistir à objetificação sexual, ao vício sexual e à imposição de estereótipos negativos. Enquanto a cultura popular frequentemente destaca a supersexualidade de criminosos, artistas e esportistas negros, pouca atenção é dada ao homem negro com status e privilégio de classe que arrisca tudo o que já alcançou quando incorpora um personagem sexual. Isso fica evidente nos ambientes universitários, quando professores usam seu poder para atacar alunos. É evidente também nos círculos religiosos, quando clérigos atacam fiéis (vide, por exemplo, o comportamento sexual compulsivo de Martin Luther King), e na vida cotidiana, quando homens negros trabalhadores e honestos representam um papel sexualizado, revelando personalidades de Dr. Jekyll/Sr. Hyde [o médico e o monstro] que dão novo significado a termos como *personalidade múltipla* e *transtorno de identidade dissociativa*. Tudo é varrido para debaixo do tapete de "garotos negros são garotos negros", isto é, demônios sexuais e predadores. Concretamente, essa negação generalizada ajuda a manter a disfunção sexual negra. Se o problema não puder ser completa e adequadamente nomeado, não poderá ser enfrentado.

Na cultura patriarcal supremacista branca capitalista imperialista, o ódio à masculinidade negra encontra sua expressão mais intensa no âmbito sexual. A desumanização do corpo sexual masculino negro (muitas vezes, ocorrendo com o consentimento do próprio homem negro) é generalizada e normalizada. Há poucos lugares aonde homens negros podem ir para obter a cura sexual de que necessitam, o que lhes permitiria exercer uma agência sexual saudável. Vitimada por projeções racistas de patologia sexual, a maioria dos homens negros teme que nomear um comportamento sexual disfuncional corresponda a concordar que o homem negro é patológico. Esse é o tipo de identidade forjada na reação que impede os homens negros de construir uma individualidade libertadora.

Os homens negros podem reivindicar um espaço de agência sexual saudável ao passar da reação à resistência. Em uma entrevista sobre a luxúria masculina negra intitulada "When

I Get That Feeling" [Quando eu sinto isso], o ativista Cleo Manago resiste, recusando-se a permitir que o entrevistador branco sugira que há vantagens que os homens negros recebem em troca de sua submissão à objetificação e à desumanização sexual. Afirmando o poder de sua agência, Manago responde:

> Às vezes, para sobreviver, tentamos tirar proveito de expectativas ou suposições de alta capacidade sexual, por exemplo, mas no fim isso tudo parece artificial, dissociativo e desumanizador. Não ser visto e aceito plenamente pode ser muito doloroso. Onde está a vantagem disso? Acho que essa coisa de vantagem é uma suposição romântica bizarra feita por alguns brancos. Não há benefícios saudáveis em ser negro, sexy ou mais bonito em uma sociedade dirigida por brancos que se ressentem disso e se sentem desafiados por sua beleza, obcecados por controlá-lo ou dominá-lo em reação ao desconforto que sentem em sua presença. [...] Esse é um lugar precário para se estar. Eu não concordo que os homens negros sejam mais corporificados que os homens brancos.

Na verdade, talvez este seja o ponto de partida para a cura sexual masculina coletiva negra: a recusa de reivindicar um prazer do corpo que simplesmente não condiz com a experiência real da maioria dos homens negros. Talvez a formação de locais terapêuticos para a cura sexual permita aos homens negros falar de um desejo sexual que não é informado pela violência sexual, seja uma violência sexual racializada imposta pela branquitude, seja uma máscara hipermasculina imposta pela negritude.

Para reivindicar o espaço da agência erótica saudável, homens negros (e aqueles de nós que realmente amam o corpo masculino negro) devem vislumbrar juntos um novo tipo de sexo, uma identidade sexual não patriarcal. Precisamos vislumbrar uma sexualidade libertadora que se recuse a fundamentar atos sexuais em narrativas de dominação e submissão e reivindique uma agência erótica desinibida que priorize a conexão e a mutualidade. Homens antipatriarcais esclarecidos estão criando novos mapas sexuais. Steve Bearman pede aos homens que encontrem seu caminho rumo a uma verdadeira agência sexual, recuperando o corpo, os sentimentos e a intimidade. Corretamente, ele afirma: "Quando o desejo sexual é libertado do desespero, da urgência, da solidão e do medo, então o sexo pode ser inspirado pela alegria e as relações sexuais podem ser saudáveis e completas". Os homens negros precisam de cura sexual. Essa cura acontece toda vez que criamos uma cultura de resistência em que os corpos e os seres negros não são mais mantidos em cativeiro. Um homem negro livre, em casa, em seu corpo, capaz de sentir o seu desejo sexual e agir com afirmação de vida é o fora-da-lei radical que esta nação tanto teme. Quando ele for capaz de sair das sombras e das culturas subterrâneas onde já reside e todos reconhecerem coletivamente sua presença, todos os homens negros serão capazes de mapear uma sexualidade redentora, que afirma a vida e a mantém, uma sexualidade que ninguém pode dar e ninguém pode tirar. Quando forem capazes de escolher abertamente uma sexualidade saudável, todos os homens negros vão reivindicar e celebrar seus direitos inalienáveis de conhecer a cura sexual, a autoexpressão erótica e a agência sexual libertadora.

06.
de meninos raivosos a homens raivosos

Hoje, muitos homens negros em nossa sociedade abraçam a noção de que são vítimas, de que o racismo, O Homem, mulheres negras traiçoeiras, vadias de todas as cores, e assim por diante, estão impondo obstáculos ao seu sucesso. Ao ouvir as reclamações de homens negros, percebemos cenários de decepção e fracasso nos quais outra pessoa é sempre culpada. A culpabilização é uma tática diversionista. Ela permite que a pessoa que faz a outra de bode expiatório evite os problemas que devem ser enfrentados se quiser assumir a responsabilidade pela própria vida. Boa parte dos homens negros recebeu mensagens contraditórias consistentes da sociedade sobre o que significa ser responsável. A socialização patriarcal diz que você é responsável se conseguir um emprego, levar seu salário para casa e cuidar do bem-estar material de sua família. A pobreza e a falta de oportunidades de trabalho, porém, impediram muitos homens negros de serem responsáveis, no sentido patriarcal do termo. Muitos homens negros aceitam essa definição de masculinidade responsável e passam a vida se sentindo fracassados, sentindo como se sua autoestima fosse violentada e atacada por todos os lados, porque não podem acessar os meios para cumprir esse papel.

Pouquíssimos homens negros ousam perguntar a si mesmos por que não se rebelam contra o *status quo* racista e machista e inventam novas formas de pensar sobre a masculinidade, sobre o que significa ser responsável, sobre o que significa inventar a própria vida. Em geral, os homens negros são incapazes de pensar criativamente sobre sua existência por causa da aceitação acrítica de roteiros de vida restritivos moldados pelo pensamento patriarcal. No entanto, alguns indivíduos negros mostram que é possível nadar contra a corrente, mudar o roteiro convencional. O fracasso dos homens negros em olhar para seus pares que se libertaram através de novos mapas de vida está enraizado na equivocada lealdade à ordem das coisas — uma aliança semeada durante a infância.

Muitos garotos negros são bombardeados, desde cedo, com a mensagem de que habitam um universo todo-poderoso que não apenas não deseja que eles tenham sucesso mas está disposto a garantir sua morte. Essas mensagens chegam a eles pela grande mídia. Mas, mesmo antes que a grande mídia estrangule a psique masculina negra, a maioria dos meninos negros é condicionada a ser vítima de abuso emocional, em casa e na escola. Muitas vezes, a socialização patriarcal segundo a qual os meninos não devem expressar emoções ou receber cuidado emocional é mais cruel e implícita na socialização da primeira infância de meninos negros. A imagem de homens negros emasculados e castrados está tão presente na imaginação cultural que muitos pais negros sentem que é crucial treinar os meninos para serem "durões". O professor afro-estadunidense Houston A. Baker Jr., em seu ensaio autobiográfico "On the Distinction of 'Jr.'" [Sobre a distinção de "Jr."], descreve o terrorismo psicológico envolvido na socialização de meninos negros no pensamento patriarcal:

> Tenho onze anos, tonto com a alegria do fogo e admirado com a aparente invulnerabilidade de meu pai. Ele está removendo carvões secos da cama brilhante da fornalha. Está se expondo ao perigo das chamas. Estamos compartilhando, estamos juntos. [...] Por alguma razão, sou impelido a me mover com o puro espírito do ser. Começo a dançar espontaneamente ao redor da fornalha. Minha voz sobe a escala até um alto falsete. Estou possuído por algum deus primitivo do fogo; eu me sinto alegre e seguro. Estou extremamente feliz, com a voz alta, fluida. Então, sou de repente achatado contra uma parede de calcário, raios de luz e estrelas brilhantes piscando na minha cabeça. Fui dura e cruelmente esbofeteado na boca enquanto uma voz estrondosa gritava: "Pare de agir como um maricas".

Baker chama essa resposta violenta de seu pai de "humores da masculinidade". Na verdade, o menino é a expressão celebrante de amor pela masculinidade. É o adulto negro que decide esmagar isso em nome da masculinidade patriarcal.

Esse trauma inicial acontece com muitos meninos negros. Não raro, o abusador é a mãe que teme que o filho seja "mole demais" se lhe for permitido entrar em contato com seus sentimentos. "Assassinato da alma" é o termo psicológico que melhor descreve esse esmagamento do espírito masculino na infância. O esclarecido terapeuta Terrence Real, no livro *How Can I Get Through to You?* [Como posso chegar até você?], compartilha que a forma como os meninos são socializados é fundamentalmente prejudicial. Em suas oficinas por todo o país, Real percebe "uma avidez para sair do dilema" da masculinidade patriarcal. Segundo ele, pouco mudou em termos do que se espera dos meninos:

> A pesquisa mais recente sobre meninos e seu desenvolvimento nos diz que, apesar de nossa consciência elevada e das boas intenções, os meninos de hoje, mais do que nunca, estão permeados por um conjunto inescapável de regras altamente restritivas. Aqueles garotos que ousam "sair da caixa" se colocam em perigo, já que, até hoje, nossa tolerância cultural a homens jovens que se desviam do que julgamos masculino é limitada, e nossa intolerância é expressa de maneiras particularmente feias. [...] A consequência de se opor a isso é a brutalidade psicológica e muitas vezes física.

Nos últimos anos, foram publicados vários livros que falam sobre a necessidade de "proteger a vida emocional dos meninos". Mas quando a capa desses livros tem uma imagem, geralmente é a de um menino branco olhando para o mundo com olhos abertos e ternos. Qualquer menção nessas obras às circunstâncias que envolvem garotos negros e os processos pelos quais eles são socializados é muito rara.

Sem dúvida, os meninos brancos, em todas as classes, são prejudicados pela socialização patriarcal, mas esse dano é intensificado na experiência dos meninos negros justamente porque estes enfrentam uma situação de duplo risco. Não é apenas o investimento da sociedade na masculinidade patriarcal que exige que os meninos negros sejam socializados longe do sentimento e da ação; eles também devem suportar o peso de uma psico-história que representa os homens negros como castrados, ineficazes, irresponsáveis, não homens. É como se pais e mães negros de diferentes classes acreditassem que podem corrigir os erros da história ao impor aos meninos negros uma doutrinação mais brutal no pensamento patriarcal.

Os jovens negros, como todos os garotos na cultura patriarcal, aprendem desde cedo que masculinidade é sinônimo de dominação e controle sobre os outros; que, simplesmente por serem homens, estão em uma posição de autoridade que lhes dá o direito de afirmar sua vontade sobre os demais, de usar coerção e/ou violência para obter e manter o poder. Garotos negros que não querem ser dominantes estão sujeitos a formas de terrorismo psicológico como meio de forçá-los a incorporar o pensamento patriarcal. Ridicularização e rituais de desrespeito, de constante humilhação, são as táticas empregadas para alquebrar o espírito do garoto. Descrevendo como esse processo funciona, o terapeuta John Bradshaw escreve:

> Essa pedagogia venenosa justifica métodos altamente abusivos para suprimir a espontaneidade vital das crianças: espancamento físico, mentira, dissimulação, manipulação, táticas de intimidação, falta de amor, isolamento e coerção nos limites da tortura. Todos esses métodos são toxicamente vergonhosos.

Os meninos negros são diariamente vítimas de humilhações tóxicas. Em nossa cultura, há pouquíssima preocupação com a vida emocional dos garotos negros.

Embora o bem-estar dos meninos tenha começado a receber mais atenção à medida que menores de idade passaram a cometer atos mais graves de violência, em especial assassinatos, a atuação violenta dos meninos brancos tende a ser vista como um distúrbio psicológico que pode ser corrigido, enquanto os meninos negros que fazem o mesmo tendem a ser vistos como criminosos — e punidos de acordo. Reações conservadoras de diversas comunidades negras começaram a tratar os homens negros como uma espécie em extinção. Ao escolher uma analogia animal, eles adotaram a iconografia racista/machista que historicamente representava o homem negro como um animal. Em seguida, concentraram-se na necessidade de "civilizar" meninos negros por meio de uma disciplina rigorosa em casa e nas escolas, revelando assim até que ponto eles internalizaram o pensamento racista/machista sobre a masculinidade negra e não prestaram atenção significativa no bem-estar psicológico dessas crianças. Se um garoto negro obedece à autoridade, fica quieto e faz a lição de casa, tende a ser visto como psicologicamente sadio só porque ele não é um problema. Emoções reprimidas em garotos negros não costumam ser vistas como um problema, mas como um benefício para a sociedade, uma vez que um garoto negro quieto e obediente conhecerá seu lugar e permanecerá nele.

Os intensos ataques à autoestima de meninos negros levam muitos deles a desenvolver uma depressão crônica profunda, resultante do que Bradshaw diagnostica como consequência de seus "verdadeiros e autênticos Eus serem humilhados pelo abandono na infância". Quando nossa família cresceu, meu irmão, o único garoto em uma casa com seis irmãs, foi constantemente ridicularizado e humilhado por nosso pai por não ter atingido os padrões da masculinidade patriarcal. Quando era ferido, nosso irmão queria chorar, mas os padrões de masculinidade imaginados pelo nosso pai exigiam que ele recusasse seus sentimentos. Sempre que nosso irmão não se adequava às expectativas patriarcais, era submetido à vergonha do abuso verbal ou a espancamentos pelo nosso pai patriarcal. Como muitos meninos negros, ele recebeu mensagens confusas sobre masculinidade. Por um lado, era valorizado e tolerado porque era menino; por outro, envergonhava-se por não estar à altura da noção rígida de uma infância patriarcal aceitável. Ele era adorado, mas achava que faltava algo, e sua autoestima nunca pôde florescer. Como a maioria dos meninos, só era recompensado quando se adequava à norma patriarcal. Ele não pôde ser aceito simplesmente por ser quem era. Meu irmão deveria ser obediente e quieto, e ao mesmo tempo assertivo, agressivo e capaz de assumir o controle quando necessário. Deveria demonstrar afeto quando os adultos exigiam e, simultaneamente, não demonstrar sentimentos. Essas demandas contraditórias são parte integrante das complexas expectativas impostas aos meninos negros para provarem que não são "maricas", mas homens de verdade. A perplexidade deles com a inconsistência dessas demandas leva a sentimentos avassaladores de impotência. Sentem-se psiquicamente inaptos porque não podem satisfazer à demanda de "ser um homem" da maneira que os adultos lhes impõem.

Os meninos negros, mais do que qualquer outro grupo de garotos nesta sociedade, são convidados a desistir de sua infância para perseguir uma masculinidade patriarcal fugidia. Muitas vezes, essa demanda vem de uma mãe solo disfuncional que teve frustradas todas as expectativas de ser cuidada e protegida por um macho patriarcal; um pai decepcionante, um amante infiel, ambos são parte de seus problemas de abandono. Ela então os projeta no filho, que — assim ela espera — satisfará todos os seus desejos. Essas expectativas emocionais irreais resultam em "abuso sexual emocional", a confluência que ocorre quando uma criança é forçada a atender às necessidades subjacentes do sistema familiar. A percepção geral de que adultos negros, particularmente os que não fazem parte de classes privilegiadas, são homens imprestáveis que abandonam a família é tão comum que se compreende por que mulheres negras esperam que os meninos sejam "os homenzinhos da mamãe". Bradshaw afirma, em *Healing the Shame That Binds You*, que, quando isso acontece, "os pais estão atendendo às suas necessidades à custa das necessidades da criança". Quando as demandas da criança não estão sendo atendidas, ela recebe a mensagem de que suas necessidades não são importantes, de que ela não é valorizada ou digna. Bradshaw afirma que a criança "perde o senso do próprio valor pessoal".

Entre os meninos negros, aqueles que aprendem na primeira infância — muito antes de enfrentar um mundo branco hostil — que não são dignos encontrarão a mesma mensagem quando botarem o pé fora de casa. Logo cairão em uma armadilha. Eles não são valorizados na vida familiar nem no mundo exterior. Muitas vezes, crianças negras ouvem as mulheres criticando homens negros com frases como "ele não presta", "ele não vale nada" ou "não há um homem negro neste planeta com quem você possa contar". Todas essas mensagens reforçam a noção de que ele é falho, de que nada que possa fazer o tornará inteiro. Tudo o que lhe é oferecido é uma vida de incompletude, na qual deve trabalhar duro para compensar tanto a "falta" que os outros detectam nele como o seu próprio senso de vazio interior.

Esse núcleo de vergonha — a base instável sobre a qual muitos garotos negros devem tentar construir um "Eu" — sempre entra em colapso. Contudo, a maioria dos homens negros não consegue enfrentar o colapso, de modo que se concentra no desempenho, em fazer em vez de ser, escondendo seus profundos sentimentos de desesperança. Papéis sexuais rígidos compõem o pano de fundo para grande parte da vergonha que garotos negros feridos são forçados a suportar. Assim, tornam-se alvos dos adultos, que direcionam a eles sua raiva e seu senso de desesperança. O abuso emocional traumático atinge meninos negros de todas as classes. Pode ocorrer repetidamente ou de uma só vez, em um único ato de violação que destrói a alma. No caso de Houston A. Baker Jr., embora ferido pela insistência violenta do pai de que o filho não fosse um "maricas", ele conseguiu continuar próximo da figura paterna e se tornou um homem bem-sucedido, trabalhando duro para provar que é digno. Baker escreve que a reprimenda para "ser homem" era a maneira de seu pai comunicar que "a masculinidade era uma conquista destemida, controlada, significativa e responsável". Baker conseguiu concretizar a visão do pai. Já um garoto negro vindo de uma família desprivilegiada ou de classe baixa costuma lidar com o trauma de ser fisicamente abusado desligando-se emocionalmente, recusando-se a fazer qualquer esforço para vencer na vida. Ou, caso vença, mais tarde poderá agir de maneiras que prejudiquem esse sucesso.

Há muitos exemplos de homens negros que sabotam a própria vida por razões não evidentes. Quando a mídia dá destaque a essa sabotagem, não se discutem as feridas psicológicas que a provocaram. Ultimamente, quando jovens brancos, sobretudo aqueles que têm privilégio de classe, agem com violência, chegando mesmo a matar, questões psicológicas são exploradas como possíveis justificativas para o ato. Quando homens negros agem da mesma forma, entretanto, a mensagem da mídia é a de que eles são "inerentemente" maus, de que suas falhas são incorrigíveis. Mesmo nos casos em que homens brancos cometem atos malignos (como Jeffrey Dahmer,[17] estupradores e assassinos em série), é feito um imenso esforço para entender sua condição psicológica, para representá-los não como inerentemente maus, mas como pessoas perturbadas. A violência de homens negros raramente é contextualizada dessa maneira. Durante o julgamento de O.J. Simpson, o foco da mídia em sua infância não teve como objetivo fornecer um perfil psicológico simpático; em vez disso, seu histórico foi usado para demonstrar que ele sempre fora desvirtuado, um assassino em formação, reforçando, assim, a suposição sexista racista de que todos os homens negros são inerentemente demoníacos.

Essa mesma lógica determina os relatos racistas e sexistas dos meios de comunicação de massa sobre os delitos dos homens negros. Não raro, ocorre um linchamento simbólico na imprensa. Certamente foi esse o padrão na ocasião do assassinato de Patrick Chavis [em 2002]. Aos cinquenta anos, ele foi morto no bairro em que morava [na região metropolitana de Los Angeles] por homens que tentavam roubar seu carro. Chavis havia sido um estudante negro com média de notas mais baixa que a de muitos candidatos brancos aceitos em uma escola de medicina da Califórnia, no início dos anos 1970. A admissão de Chavis tornou-se a base de um pro-

---

17 Jeffrey Dahmer (1960-1994) foi um assassino em série estadunidense que ficou conhecido como "Canibal de Milwaukee". Responsável pela morte e desmembramento de dezessete vítimas, entre homens e meninos, durante os anos de 1978 e 1991, foi condenado à prisão perpétua. Durante o longo e exaustivamente televisionado processo de julgamento, contudo, teve sua condição psicológica avaliada e diagnosticada com diversos transtornos, que serviram de justificativa para os hediondos atos cometidos. [N.T.]

cesso conhecido como caso Bakke, que foi o primeiro grande desafio a medidas de ação afirmativa que tentaram corrigir o passado e tornaram possível a estudantes negros desprivilegiados acessar a universidade. Filho de mãe solo pobre e com três irmãos, Chavis terminou a faculdade e era um médico de sucesso, mas continuava atuando de maneira a minar suas realizações. O cabeçalho do obituário do *New York Times* o descreve como um "personagem da ação afirmativa" para, em seguida, oferecer um relato detalhado de suas "falhas": seus divórcios, seu fracasso em pagar pensão alimentícia, a revogação de sua licença médica. Anos antes, o êxito profissional de Chavis fora usado pelo senador Edward Kennedy como "exemplo perfeito" do sucesso das ações afirmativas. Agora, o *Times* usava sua morte para expor o quão errado estava Kennedy. No longo obituário, não há compaixão por Chavis, nenhuma tentativa de contextualizar sua história, nenhum perfil psicológico favorável.

Um perfil psicológico de Chavis minimamente justo com sua história teria começado com o impacto que sofreu ao ter recebido atenção nacional, no contexto das ações afirmativas, por não ser considerado digno [de cursar medicina]. Faria menção aos encargos que o falecido enfrentava como homem negro que, mesmo vindo de um ambiente familiar disfuncional e desfavorecido, se esforçava para alcançar algo. Mas, como costuma acontecer na mídia racialmente tendenciosa, a falha de um homem negro não é contextualizada. Chavis não é respeitado por Douglas Martin, redator de obituários do *Times*; ele é simplesmente desumanizado, usado como mais um exemplo de como os homens negros falham mesmo quando recebem tratamento preferencial. Não há a menor sugestão de que a humilhação pública que Chavis enfrentara no início da vida contribuiu para minar sua autoestima, mesmo que ele tenha terminado a faculdade de medicina e estabelecido uma carreira. A canibalização do corpo morto de Chavis pela mídia conservadora, usando-o apenas como um meio de criticar as ações afirmativas, é um ataque tão trágico quanto os tiros que o assassinaram. Sem dúvida, Chavis fora psicologicamente ferido. Todavia, como muitos homens negros nos Estados Unidos, ele fugiu da dor sufocando-a, negando e reprimindo o problema.

Reprimir é uma das maneiras de lidar com a dor do abandono. Se meninos e homens negros não se permitem sentir, então não são capazes de assumir a responsabilidade de nutrir seu crescimento emocional; eles não podem acessar as partes saudáveis de si mesmos que poderiam capacitá-los a resistir. As crianças podem resistir ao impacto da vergonha criando visões de mundo alternativas moldadas pela imaginação ou fixando-se em modelos diferentes de seus relacionamentos de origem. Mas isso só pode acontecer se a imaginação e a criatividade de uma criança não forem destruídas. Como a criatividade em crianças do sexo masculino é frequentemente vista como suspeita pela perspectiva patriarcal, esse aspecto da identidade de um garoto negro pode ser reprimido por medo de que o leve à punição. Observando diversas dinâmicas familiares negras, noto que a criatividade em crianças negras do sexo masculino pode ser expressa antes dos cinco anos, mas passa a ser vista como uma ameaça à identidade masculina patriarcal caso um garoto seja emocionalmente expressivo e criativo além dessa idade.

Se, quando pequenos, garotos negros são excessivamente mimados, criados para se sentirem especiais e com todos os direitos do mundo, eles podem não aprender sobre ter limites. Tudo o que fazem deve ser elogiado. Essa indulgência excessiva é frequentemente percebida como amor ou cuidado positivo, quando na verdade é um assalto à autovalorização da criança, pois ensina a ela grandiosidade infantil em vez de autoaceitação. A punição severa costuma ser a maneira como os pais disfuncionais procuram alterar o comportamento da criança grandiosa. Quando a indulgência excessiva termina e a humilhação começa, o garoto pode atrair atenção apenas para comportamentos negativos. Ele não para de aprontar porque agressão é a maneira como ele é notado. Almejando atenção e só a conseguindo quando é "mau", ele não vê como se afirmar suficientemente para se sentir bem consigo mesmo. Ao mesmo tempo, pode aprender que, se reprimir a agressão e quaisquer outros sentimentos emocionais que deixem os adultos desconfortáveis, ele será tratado de forma positiva. Quaisquer afirmação e atenção virão apenas como resultado de um bom desempenho aos olhos dos adultos.

Essa necessidade de provar seu valor através do desempenho é uma das razões pelas quais muitos meninos negros olham para o esporte como um espaço de redenção. Dada a história bem-sucedida dos homens negros no esporte — atividade considerada "viril" pelos padrões patriarcais —, os meninos negros aprendem desde cedo que, ao se destacarem como atletas, podem ganhar visibilidade e certa dose de respeito. Atuando no paradigma patriarcal como jogadores competitivos, os garotos negros que se destacam no esporte são capazes de se proteger do julgamento e do desprezo dirigidos ao menino que expressa sua criatividade em atividades acadêmicas ou artísticas. No entanto, aqueles que não conseguem ou não podem praticar esportes têm pouca ou nenhuma oportunidade de recuperar o respeito que foi perdido. Os meninos negros que são repetidamente submetidos por adultos a humilhações, vergonha, constrangimentos ou castigos aleatórios aprendem que podem aliviar essa dor pela repressão e pela dissociação. Agir com violência é outra maneira de controlar a dor. Em *Lost Boys: Why Our Sons Turn Violent and How We Can Save Them* [Meninos perdidos: por que nossos filhos se tornam violentos e como podemos salvá-los], o terapeuta James Garbarino explora a relação entre a dura repressão sofrida por meninos durante a fase em que são emocionalmente vulneráveis e atos de violência que cometem posteriormente. Ele descobriu que esses meninos eram rotulados, desde o nascimento, como difíceis ou exigentes demais. Rotulados como "terrores", eles se tornaram exatamente isso. Garbarino explica: "Sem orientação amorosa, aconselhamento espiritual e educação psicológica, as crianças veem pouca alternativa para lidar com isso da melhor maneira possível, o que geralmente significa desassociação — não importando o custo para sua vida interior". Em geral, nossa sociedade não se preocupa com a vida interior dos meninos negros. Quando o abandono emocional habitual leva a comportamentos disfuncionais, então os garotos negros são notados, mas raramente de um modo que trate de forma positiva seus problemas.

Meninos negros abusados emocionalmente acabam ficando cheios de raiva. Preparados para se comportar mal, tornam-se adultos viciados em raiva. Muitas vezes, dá-se tanta atenção às manifestações concretas do impacto do racismo e outras formas de opressão social nos homens negros que o impacto psicológico do abandono da primeira infância acaba negligenciado. Mesmo assim, a impotência que muitos homens negros sentem na infância persiste na idade adulta. Gary Zukav e Linda Francis, em *The Heart of the Soul* [O coração da alma], identificam a falta de autovalorização como a principal causa da raiva:

> É a experiência da impotência. Impotência é ver a si mesmo como uma pessoa sem valor, incapaz de imaginar que faz a diferença para alguém [...]. Quando você se sente sem valor, fica aterrorizado com sua vida, e, quando se sente aterrorizado com sua vida, sofre continuamente ao tentar moldá-la como acha que ela precisa ser. Quando essa dor é aguda, você a encobre com raiva.

Muitos homens negros de nossa nação estão consumidos pela raiva. Sempre zangados, eles sentem uma dor contínua. E essa é uma das razões pelas quais procuram bodes expiatórios. Zukav e Francis declaram:

> A raiva é descarregada em um alvo. Esse alvo é outra pessoa, um grupo de pessoas ou o universo. A raiva é justiceira e arrogante. A raiva não ouve nem respeita os outros, nem se importa com eles. Torna os outros errados, culpados, inferiores ou inadequados. Preocupa-se apenas consigo mesma. A raiva quer o que quer, quando quer, nos termos que quer. Assume os papéis de juiz, júri e executor. Não há recurso.

O homem negro com raiva crônica vive em uma prisão emocional. Baseado no medo, ele fica isolado e aterrorizado. Na cultura patriarcal, sua raiva pode ser vista como "viril", tornando-se o encobrimento perfeito para que ninguém, nem mesmo ele, conheça a extensão da dor que sente. John Bradshaw lança luz sobre o modo como a raiva costuma fazer com que o Eu ferido se sinta melhor: "Quando estamos furiosos, nós nos sentimos unificados por dentro — não mais nos separamos. Nós nos sentimos poderosos. Todo mundo se encolhe em nossa presença. Não nos sentimos mais inadequados e defeituosos. Contanto que escapemos ilesos, nossa raiva se torna nossa alteração de humor favorita. Nós nos tornamos viciados em raiva". A raiva do homem negro é frequentemente interpretada como uma resposta positiva à injustiça e, por isso, é incentivada. Na realidade, a raiva do homem negro costuma ser um sinal de impotência reativa e raramente leva à intervenção construtiva. A fúria humilha e isola ainda mais os homens negros. O vício é em geral visto como um refúgio, uma fuga dos sentimentos de impotência. O ator Richard Pryor narra isso de maneira perspicaz no filme autobiográfico *Nos Palcos da Vida* (1986). Seu personagem se divide em duas partes: uma que fala da impotência e outra do dependente químico que retruca com uma falsa sensação de poder. Pryor retrata poderosamente os estados dissociativos que os homens negros costumam habitar.

O abuso de substâncias é uma forma pela qual os homens negros tentam conter e controlar sua raiva, mantendo a dor sob controle. Em *Brothers on the Mend* [Irmãos se recuperando], Ernest Johnson escreve:

Muitos homens negros preferem reprimir a fúria e a raiva sofrendo as consequências, em vez de se abrir e falar sobre seus sentimentos. Esses "irmãos legais" expressam seus sentimentos de raiva de várias maneiras improdutivas — pelo uso excessivo de tabaco, afogando a bílis na bebida ou liberando os sentimentos de irritação em uma explosão de violência —, geralmente contra entes queridos. Falar sobre os sentimentos não é uma opção, porque eles querem parecer fortes e "masculinos". Mas compreender as forças que causam raiva repentina e até assassina — e, mais importante, aprender a gerenciar e controlar o impulso — pode ser o mais importante fator na sobrevivência dos homens afro-estadunidenses.

A raiva crônica precisa ser eliminada, não gerenciada. Muitas mulheres negras aprendem a lidar com ela em uma sociedade que nos nega o acesso total a formas de poder sem, no entanto, agir com raiva assassina; os homens negros podem adquirir as mesmas técnicas de sobrevivência. O vício ligado à raiva em homens negros não pode ser tratado se eles não conseguirem expressar sua dor por conta da repressão patriarcal. A dor subjacente à raiva causa sentimentos de impotência e tristeza.

A raiva é o encobrimento perfeito para a depressão. Homens negros que se sentem impotentes e incapazes de trazer algum nível de propósito significativo para a própria vida geralmente ficam deprimidos. Essa depressão pode ser o resultado de um sofrimento inconciliável. Ao lamentarem o Eu que não veio a existir, tristes com o fracasso constante e a perda contínua, os homens negros deprimidos são relegados ao segundo plano em nossa sociedade. Seus problemas passam despercebidos. Poucos caminhos para a cura estão abertos a eles.

Em última análise, no patriarcado supremacista branco capitalista imperialista, a raiva masculina negra é aceitável, até esperada. Ninguém realmente quer ouvir os homens negros expressarem sua dor ou oferecer-lhes caminhos de cura. Embora Ellis Cose revele tremenda compaixão por si próprio e por outros homens negros em *The Envy of the World*, ele não faz a conexão entre baixa autoestima e autossabotagem. Em vez disso, escreve: "É óbvio que seria simplista — e errado — tentar reduzir todos os nossos problemas [...] a questões de autoestima ou autovalorização. Existem outros problemas enormes, e talvez nenhum seja maior do que aqueles que giram em torno do abandono". Cose falha ao não ver a ligação entre o abandono na infância e a baixa autoestima debilitante ao longo da vida. Essa, porém, é a questão central para os homens negros. Na verdade, muitos dos problemas que os homens negros enfrentam são uma consequência do sentimento de que não têm valor.

Quando as feridas causadas pela falta de autoestima — consequência dos danos psicológicos ocorridos na primeira infância — não são curadas, invariavelmente levam à autossabotagem. Muitas vezes, em nosso país, as pessoas se perguntam por que os homens negros com educação profissional e "bem-sucedidos" agem da mesma maneira autossabotadora que seus pares desprivilegiados e menos instruídos. Como Cose, elas parecem não reconhecer que a falta de autovalorização central é a mesma tanto para os bem-sucedidos quanto para os malsucedidos. O sucesso masculino na sociedade patriarcal tende a ser medido por parâmetros materiais (quanto dinheiro um homem ganha, que tipo de carro dirige ou até mesmo a aparência da garota com quem está saindo). Isso leva as pessoas a esquecer que é possível aparentar ter sucesso material, até mesmo riqueza e fama, e ainda assim sentir um vazio interior, um sentimento contínuo de perda. Enquanto os homens negros feridos não forem capazes de enfrentar o abuso emocional de sua infância (abuso sempre ligado ao abandono), eles não conhecerão o bem-estar emocional.

Dedicado à questão da violência masculina, o psicólogo Donald Dutton reconhece que a "saída desse miasma de expectativa irrealista e decepção cíclica" — os sentimentos aprisionados de impotência que geram raiva — começa com o reconhecimento e a sensação da dor. Depois de romper o muro de negação, os homens negros que buscam cura devem enfrentar o processo de luto. Devem, como todos os homens feridos, "cumprir luto pela perda do que nunca foi alcançado e tentar integrar os aspectos bons e ruins do que ainda é possível", como sugere Dutton. Ele ressalta que a maioria dos homens se recusa a reconhecer perdas profundas na infância, e que "os modelos masculinos de luto são poucos". Na cultura negra patriarcal tradicional, o luto masculino não tem lugar. O homem negro que sofre é visto como fraco. Muitas vezes, o único homem negro que vemos expressando tristeza (exceto em um funeral) é o bêbado cuja emocionalidade é descartada como algo causado apenas pelo álcool, e não pela dor.

Em *The Batterer* [O agressor], Donald Dutton assevera: "Os homens, em particular, parecem incapazes de lamentar e se enlutar individualmente. Talvez seja por isso que o blues seja tão popular entre os homens. Ele serve a uma forma de expressão socialmente aceitável para um processo perdido e inatingível". Os homens negros criaram o blues, articulando na canção sua dor, seu sentimento de desesperança, sua lamentação. Para alguns de seus criadores, o blues era uma fuga da dor. Ele os deixava expressar sua tristeza sem precisarem sentir vergonha. Para os homens que ouvem enquanto negam a própria angústia, a sensação de desesperança permanece. Jovens negros tendem a não querer ouvir o blues. Eles se recusam a curtir uma expressão emocional honesta da vulnerabilidade masculina negra. Preferem ouvir o rap, com sua representação agressiva de invulnerabilidade. Se é para escolher entre expor o verdadeiro Eu ou apegar-se ao falso Eu, a maioria dos homens mantém sua ligação de fantasia em vez de buscar o real, o autêntico. Embora gostem de usar a expressão "mandar a real" [*keep it real*], grande parte dos homens negros está presa demais a falsos egos, ocupada demais dissimulando (assumindo qualquer aparência com o objetivo de manipular) para reconhecer o que é "real".

Resistir à masculinidade patriarcal que precondiciona os homens a serem mentalmente desequilibrados, que serve como terreno fértil para a patologia, é um caminho que qualquer homem negro pode tomar para seu bem-estar. Muitas vezes, os homens negros confundem lamentações, reclamações e fúria com resistência. A resistência construtiva nomeia os problemas, afirma a maneira como as pessoas são vitimadas e feridas, além de mapear estratégias para a cura. O patriarcado supremacista branco capitalista imperialista reforça o narcisismo patológico que mantém muitos homens negros presos em sua identificação de vítimas. Focar excessivamente as maneiras pelas quais o racismo fere o espírito masculino negro desvia o foco de todas as outras fontes de dor emocional. Esse desvio é incapacitante, porque envia a mensagem de que não há nada que os homens negros possam fazer para criar mudanças positivas, já que são "impotentes" demais para acabar com a supremacia branca. O racismo prejudica os homens negros, assim como o sexismo, o elitismo de classe com seu materialismo hedonista e o abandono e o abuso nas relações familiares. Todas as fontes de dor e impotência para os homens negros devem ser nomeadas se quisermos que a cura ocorra, se quisermos que homens negros recuperem sua agência.

Homens negros feridos podem ser curados. O processo de cura exige que eles rompam a negação, sintam o que realmente sentem e digam a verdade. No trabalho de reabilitação, a frase frequentemente evocada "você é tão doente quanto seus segredos" se mostra perspicaz. Uma cultura de dominação é sempre aquela que prefere mentiras à verdade. Homens negros que mentem — para si mesmos e para os demais — são incapazes de experimentar a integridade essencial ao bem-estar emocional, que é o núcleo da autoestima saudável. Mentiras não funcionam. Contar a verdade é o caminho para a cura. Nada impede que qualquer homem negro dê esse passo na direção do bem-estar. Ele apenas precisa buscar a salvação. O significado fundamental de *salvação* é "plenitude". À medida que os homens negros enfrentam corajosamente a dor de suas vidas, encarando a realidade, eles podem juntar os pedaços quebrados e voltar a ser plenos.

07. esperando papai voltar para casa: parentalidade masculina negra

Os homens em nossa nação fazem muito pouco enquanto pais. Todavia, ouvimos muito sobre a importância de ter um homem em casa. O homem ausente, o pai ausente, é uma figura apontada frequentemente pelas pessoas que querem criticar as famílias negras — em especial quando essas críticas são provenientes de pessoas brancas não esclarecidas. Independentemente da profusão de pesquisas e dados que documentam que a família nuclear branca patriarcal nunca foi um arranjo seguro para mulheres ou crianças, os brancos não esclarecidos ainda representam essa configuração como o único sistema familiar verdadeiramente saudável. Em nosso mundo negro segregado, aprendemos na TV, ainda crianças, sobre famílias brancas. Os pais brancos que vimos em programas como *Leave It to Beaver* [Deixe com o Beaver] (1957-1963), *Papai sabe tudo* (1954-1960) e *The Courtship of Eddie's Father* [Os namoros do pai de Eddie] (1969-1972) eram protetores e provedores gentis que davam amor incondicional aos filhos; não gritavam com eles, nem os espancavam, envergonhavam, ignoravam ou feriam. Eles eram a família branca da fantasia. A verdadeira família branca, aquela em que os pais eram controladores, abusivos, incestuosos, violentos, alcoólatras, viciados em trabalho ou em sentir raiva, não aparecia em nossos televisores.

Essas eram as imagens dos pais de família nos anos 1950 e 1960. Nenhum dos pais brancos que nos entretinha na TV era um macho dominador patriarcal. Eles eram patriarcais (na medida em que se conformavam a papéis definidos por machistas), mas eram benevolentes. Por fim, na década de 1980, conseguimos nossa própria versão afro-estadunidense do pai elegante de fantasia com *The Cosby Show*.[18] Adorável, gentil, protetor e provedor, nosso pai negro de faz-de-conta era engraçado; tinha a capacidade de acabar com a dor nos fazendo rir. Nunca houve raiva, abuso ou negligência emocional de qualquer tipo em *The Cosby Show*. Não é de admirar, então, que tantas crianças negras tenham se apaixonado pelo pai da fantasia e desejado que ele viesse nos resgatar de nossos verdadeiros pais que pareciam não saber como um pai deveria agir, sentir, ser e fazer. Esse desejo pelo pai da TV foi ainda mais intenso nos lares monoparentais chefiados por mulheres. Sem pai de verdade para atrapalhar a fantasia idealizada, filhos e filhas criados apenas pela mãe poderiam fingir que, se houvesse um homem na casa, um pai, tudo seria perfeito; eles seriam felizes.

Quando formadores de opinião negros, sejam eles figuras políticas ou intelectuais, falam sobre a família negra, também parecem acreditar no mito romântico de que basta haver um homem negro na casa para a vida ser perfeita. Como crianças, incautos, eles se recusam a aceitar a evidência de que há muitos lares em que os pais estão presentes, mas se comportam de

---

[18] *The Cosby Show* foi um seriado de televisão que esteve no ar de 1984 a 1992. Sua singularidade foi apresentar uma família afro-estadunidense de classe média. Em 2014, o comediante Bill Cosby (1937-), criador do programa, passou a ser alvo de uma série de acusações de estupro e assédio sexual. [N.T.]

modo agressivo e abusivo, são controladores e acabam transformando a vida doméstica em um inferno, de maneira que os filhos passam o tempo todo desejando apenas que o pai vá embora. A fome de pai que essas crianças sentem é tão intensa quanto a de crianças em lares sem pai. Pais patriarcais não são a resposta para curar as feridas na vida familiar negra. É mais importante que as crianças negras vivam em lares amorosos do que em lares onde os homens estão presentes. Se forem psicologicamente saudáveis, mães e pais solo criarão filhos saudáveis. Lares disfuncionais onde não há amor, onde mãe e pai estão presentes, mas são abusivos, são tão prejudiciais quanto os lares monoparentais disfuncionais.

As crianças precisam de pais — ou cuidadores — amorosos. Pais que não estão presentes o tempo todo ainda assim podem ser uma presença amorosa. Além disso, a presença de pais biológicos importa menos do que a presença de cuidadores parentais amorosos. Essas figuras paternas moldam a visão dos filhos sobre quem os homens negros são e quem eles podem ser. Como a cultura patriarcal supervaloriza a família encabeçada por pai e mãe, representando-a como ideal, todas as crianças desta nação criadas em famílias que não se assemelham a esse ideal aprendem que estão vivendo em uma família defeituosa. Crianças que vivem em lares onde o pai não está presente precisam saber que não há "falta" que as torne imperfeitas. Isso não nega a realidade de que toda criança precisa experimentar conexão com homens e mulheres amorosos, que os filhos (mesmo aqueles gerados a partir de doações de sêmen) desejam saber quem é seu genitor e que, se o pai puder ser conhecido, eles vão querer encontrá-lo. Esse sempre será o caso quando a família biparental for apresentada às crianças como ideal.

Muitas crianças negras são emocionalmente negligenciadas e/ou abandonadas pelo pai biológico. Ao identificar a questão do abandono paterno como um problema sério no livro *The Envy of the World*, Ellis Cose afirma:

> Hoje, a grande maioria das crianças negras não vive com pai e mãe. Algumas décadas atrás, esse não era o caso. Em 1960, pouco mais de dois terços das crianças negras com menos de dezoito anos viviam em uma casa com pai e mãe. Em 1991, essa parcela havia caído para pouco mais de um terço — e continua caindo desde então. As implicações disso são surpreendentes, pois significa, entre outras coisas, que muitas crianças negras — mais do que nunca — sentem que pelo menos um dos genitores, em geral o pai, as abandonou.

Ao ler essa citação, pode-se supor que, se os homens negros estivessem em casa, eles estariam cumprindo seu papel de pais; mas esse simplesmente não é o caso.

As mulheres em nosso país continuam a fazer a maior parte do trabalho parental. Como consequência, as crianças sentem abandono emocional tanto nos lares onde os pais estão presentes quanto naqueles onde estão ausentes. Obviamente, em uma família biparental saudável, os pais não negligenciam emocionalmente os filhos. A maioria das famílias, porém, é disfuncional. A norma patriarcal, que ensina aos homens que cuidados infantis e cuidados parentais são funções da mulher, continua a prevalecer, apesar das pesquisas feministas que indicam que as crianças são mais saudáveis quando nutridas emocionalmente em lares biparentais. Como muitos homens negros aceitam acriticamente o pensamento patriarcal, eles continuam acreditando que os filhos não precisam tanto dos cuidados do pai quanto dos da mãe. Essa lógica desvirtuada, reforçada por normas patriarcais, persiste, embora seja uma obviedade que os filhos desejam o amor do pai e sofrem com a ausência desse amor. Meninos e meninas precisam ser amados por homens. Não é essencial para o seu bem-estar que esses homens sejam pais biológicos, mas sim que ofereçam à criança a oportunidade de ser afirmada e amada por um cuidador parental masculino. Os meninos, em especial, precisam que os homens sejam modelos que os ensinem a negociar o patriarcado de maneira que isso não prejudique sua alma, que lhes mostrem como contornar o sistema e criar autoconceitos alternativos saudáveis.

Na coletânea *Father Songs: Testimonies by African American Sons and Daughters* [Canções do pai: testemunhos de filhos e filhas afro-estadunidenses], há poucos colaboradores que não conhecem o pai ou nunca interagiram com ele. Esse fato nos lembra que a questão subjacente é menos a ausência do pai e mais a sua dolorosa falta de envolvimento emocional, esteja continuamente presente ou não. Não importa a enorme quantidade de evidências documentando o impacto prejudicial de relacionamentos sem amor entre pai e filho: a maioria das pessoas negras continua acreditando que o pai não importa tanto quanto a mãe. Ser pai é um trabalho difícil, árduo e que consome muito tempo, e os homens não costumam querer exercê-lo. Nesse aspecto, os homens negros não são exceção. Da escravidão em diante, muitos homens negros optaram por evitar a paternidade. Eles geram filhos que não têm intenção de criar. Em consonância com mulheres negras que sofreram lavagem cerebral pelo pensamento patriarcal, eles acreditam que o amor do pai não é essencial para o bem-estar de uma criança. Para abordar de maneira significativa a questão da negligência emocional dos filhos por pais negros, devemos primeiro reconhecer o fato — e repito isso aqui — de que muitas pessoas negras acreditam que o pai não desempenha um papel significativo na vida da criança. Paradoxalmente, elas continuam sustentando essa crença mesmo diante de uma quantidade esmagadora de evidências contrárias.

Talvez a crença de que a paternidade não é relevante continue a ser uma norma na vida negra porque oculta a realidade de que muitos homens negros são pais biológicos de filhos indesejados. Até que pessoas negras de todas as classes passem a valorizar a participação ativa dos homens negros na parentalidade, meninos e jovens negros continuarão acreditando que seu objetivo é simplesmente gerar filhos, que eles podem provar sua masculinidade em um sentido patriarcal fazendo bebês, apenas — e não cuidando deles.

Em *Father Songs*, os filhos adultos de pais ausentes testemunham sobre como foram feridos pela negligência emocional do pai. Homens negros falam sobre punição e abuso físico nas mãos de pais que traíram sua confiança. No ensaio "My Father, Myself" [Meu pai, eu mesmo], Scott Minerbrook escreve sobre o temor de que "não fosse digno do amor do meu pai, [de não ser] valioso para ele". E confessa:

> Mesmo que eu o amasse, meu amor era misturado com o medo de que qualquer pequena felicidade que eu sentisse seria arrancada de mim se exposta a ele. Muitos anos depois, eu o vejo como alguém muito parecido comigo. Alguém que cresceu, como muitos de sua geração, incapaz de demonstrar fraqueza, incapaz de expressar dor, exceto em atos de violência. [...] Incapaz de reco-

nhecer as próprias emoções, meu pai nunca poderia permitir que outros demonstrassem emoção, e sua raiva assassina se tornou o molde sobre o qual moldei o meu mundo.

O medo de Minerbrook ecoou em inúmeros testemunhos sobre a natureza dos relacionamentos entre pai e filho negros.

Todas as minhas irmãs e meu irmão sentem amor por nosso pai, um amor que continua misturado ao medo. Fomos criados para admirar nosso pai patriarcal, porque ele nos proveu e protegeu (um eufemismo para sua capacidade de ser violento). Mas, ao se tornar esse homem que inspirou medo, ele teve de permanecer emocionalmente distante. Em nossa família de seis filhas e um filho, nosso irmão foi o mais profundamente afetado pelo julgamento de nosso pai e pela desaprovação de sua masculinidade nascente e vulnerável. Meninos humilhados pelos pais lutam para encontrar a autovalorização. Embora nosso pai estivesse sempre em casa, e ainda continue lá após cinquenta anos de casamento com nossa mãe, na maior parte do tempo ele se encontrava emocionalmente indisponível. Agora, aos oitenta e poucos anos, nosso pai fala conosco, expressa seus sentimentos e seu cuidado. Quando ele começou a se aproximar, a estabelecer conexões emocionais, relutamos em responder. Como muitas famílias patriarcais, a nossa era um espaço em que papai e mamãe muitas vezes estiveram e estão em desacordo. Durante nossa infância, ver mamãe sendo subjugada por papai nos enchia de raiva. E, como muitas crianças, com frequência sentimos a necessidade de provar nossa lealdade a ela distanciando-nos dele e de nosso desejo de conhecê-lo e amá-lo. Papai tentava diminuir essa distância criticando mamãe, o que nos deixava ainda mais decepcionados com ele.

Levei anos trabalhando o perdão ao meu pai por sua negligência emocional e por seus atos de abuso. Quando comecei a perdoá-lo, pude recuperar lembranças alegres, valorizar os aspectos positivos de seu ser. Após muitas conversas com pessoas negras cujos pais eram brutais e/ou emocionalmente abusivos, acho que uma parte do processo, uma maneira de curar as feridas do afastamento do pai, é a lembrança consciente daquilo de que gostávamos nele. Parece que a diferença de gênero torna mais fácil para as mulheres negras se aproximar do pai e falar sobre a falta de conexão emocional. Como papai sempre foi mais duro com nosso irmão, fazendo com que ele se sentisse inútil, tem sido difícil para ele se reconciliar com a figura paterna. Minerbrook afirma:

> Anseio também pela linguagem da reconciliação, que parece não existir entre muitos homens negros que são como eu e os pais deles que são como o meu. Nossas feridas parecem ser muito profundas. [...] Essa falta de linguagem entre homens afro-estadunidenses muitas vezes parece uma falha cultural. A questão das feridas que os pais afro-estadunidenses involuntariamente trazem ao relacionamento com os filhos influencia todos os aspectos de nossa vida. Influencia tudo, desde a maneira como percebemos nosso relacionamento com a autoridade até nossa capacidade de fazer mal ou fazer bem.

Como todos os homens, os homens negros na cultura patriarcal não foram criados para revelar sua intimidade. O terapeuta Terrence Real sugere que, ao serem confrontados com a própria intimidade, homens feridos muitas vezes ficam inundados "de dor, desconfiança e medo", sentimentos desencadeados pela vergonha. Os homens, diz Real, muitas vezes procuram encobrir a vulnerabilidade emocional passando do desamparo para a dominação e transformando a dor em raiva. Nesses momentos, a maioria das pessoas negras lembra da raiva e/ou do desprezo sentido pelo pai, e esse é o vínculo traumático que alimenta a dor e a vergonha.

Ouço muitas histórias de pessoas criadas em famílias chefiadas por mulheres que aprenderam a identificar a ausência do pai ouvindo as fofocas das mulheres ou sabendo da identidade do genitor por algum vizinho ou estranho descuidado. Muitas vezes, quando compartilham com a mãe o desejo de estabelecer alguma conexão com o pai ausente, esses filhos e filhas são recebidos com uma reação raivosa. Frequentemente, mulheres que se enfurecem com a recusa masculina em assumir a responsabilidade pela criação dos filhos se ressentem dos filhos quando estes manifestam a vontade de entrar em contato com o pai. Tal ressentimento aumenta a confusão emocional da criança. *Father Songs* começa com um capítulo intitulado "Are You My Father?" [Você é meu pai?], de Thaddeus Goodavage. No texto, Charmagne Helton diz:

> Um homem atarracado aproximou-se de mim e me beijou na bochecha. Ao me abraçar com força, sorrindo e olhando para o meu rosto, fiquei aterrorizada. Eu não tinha ideia de quem ele era. [...] Ninguém nos apresentou. Ele apenas continuou me apertando. Assim que consegui me livrar dele, desci correndo os degraus da igreja até minha mãe.

Quando perguntou à mãe a identidade do homem que a assustava, ela ouviu: "Ele é seu pai". Esse momento de reconhecimento fugaz é uma história que muitos negros podem contar. E, na maioria das vezes, é um evento marcado por uma sensação de violação, de invasão indesejada. Uma mulher lembra-se de estar andando de carro, vendo um homem olhando de dentro do veículo dele, e perguntar à avó: "Quem é aquele homem?". E recebeu a resposta de que aquele era o seu pai. E foi isso: sem discussão, sem processamento. A maior parte da raiva nesses encontros é direcionada ao pai porque os filhos são incapazes de ver a cumplicidade da mãe, sua aceitação tácita de que conhecer o pai não é algo importante.

Em muitos casos, mães negras solo, sobretudo aquelas que dão à luz ainda adolescentes, podem não querer que as crianças tenham contato com o pai. O abandono emocional do homem em relação à mulher e o abandono emocional e/ou material em relação à família podem levar a mãe a sentir que o pai não tem nenhum papel a desempenhar na vida dos filhos. No ensaio sobre guerra de gênero intitulado "Baby Mama (Drama) and Baby Daddy (Trauma)" [Mãe solo (drama) e pai solo (trauma)], publicado no livro *Soul Babies*, Mark Anthony Neal afirma que homens negros que se enfurecem com a mãe de seus filhos geralmente jogam o jogo do bode expiatório para se proteger da autocrítica, de assumir a responsabilidade.

> Meu argumento é que a mãe solo se tornou um clichê singular empregado para explicar a ausência de pais negros e a perda de um patriarcado/masculinidade significativo que também compactua com modos de violência, tanto física quanto retoricamente, contra mulheres negras por seu papel na diminuição dessas entidades na comunidade negra. [...] Ironicamente, muitas críticas à mãe solo

ofuscam o papel mais relevante do Estado no deslocamento de homens negros, colocando boa parte da culpa nessa mãe solo.

Muitos homens negros com filhos não têm acesso negado à paternidade; eles simplesmente não querem exercê-la. Quando as crianças procuram esses "pais ausentes" que, de acordo com o que suspeitam, foram mantidos afastados pela mãe, elas descobrem a verdadeira história. E têm de encarar o abandono voluntário do pai. A fome de pai que sentem raramente encontra um pai faminto por crianças, ansioso por conhecer e cuidar de seus filhos.

Muitas vezes, pais ausentes que encontram os filhos pela primeira vez se comportam como se eles é que fossem os filhos — como o pai que não consegue falar com o filho, que não consegue se identificar, ter seu próprio relacionamento. Uma explicação para o abandono de filhos por pais negros é simplesmente que a falha em curar a criança interior ferida em geral significa, para o adulto que nunca se recuperou da perda e do abandono na própria infância, que a presença do filho ou da filha atua como um gatilho para a dor. Ao afastar-se da criança, ele foge do sofrimento, evita desenterrá-lo. Em "An Open Letter to My Dad" [Uma carta aberta a meu pai], Charlie Braxton conta a história do pai tomando conta dele e de seu irmão mais novo enquanto embalava todos os itens da casa. Ele simplesmente deixa as crianças sozinhas. Braxton lembra: "Quando perguntei o que você estava fazendo com todas as nossas coisas, você me disse que estávamos nos mudando para uma casa nova e que voltaria logo depois de arrumar tudo. [...] Passaram-se três anos até eu te ver novamente. Eu ainda estava esperando você vir e nos levar para nosso novo lar. Isso nunca aconteceu". Mesmo que esse homem negro estivesse totalmente concentrado em ferir sua esposa, os filhos foram as vítimas dessa guerra; foram aqueles que se feriram traumaticamente. Braxton compartilha que cresceu pensando que era o culpado pela partida do pai. Essa culpa internalizada o fez sofrer. Mas, no momento em que ele mesmo teve filhos, Braxton reconheceu que precisava curar as velhas feridas com o pai para crescer completamente, e não teve vergonha de dizer a ele: "Preciso de você agora, mais do que precisei quando eu estava crescendo".

John Bradshaw ressalta que "todos os pais que não resolveram o próprio trauma na infância o reviverão nos próprios filhos". Muitos homens negros foram vítimas de sadismo paterno e materno na infância. Então, quando se tornam pais e se veem revivendo os mesmos rituais de desprezo e desrespeito que os feriram traumaticamente, sentem-se oprimidos pela vergonha. Para alguns desses homens, sair da vida de seus filhos é a melhor coisa que podem fazer.

Ouço pessoas negras cujos pais falharam em reconhecê-las adequadamente como filhos contando com orgulho que se recusaram a perdoá-los mais tarde, quando eles vieram tentar fazer as pazes. Muitas vezes, pais ausentes reaparecem quando estão doentes ou morrendo. O desejo de reconciliação, entretanto, ainda é importante e deve ser seriamente considerado. É evidente que ansiamos por momentos de reconciliação e reunião porque o perdão, o restabelecimento de conexões ou o estabelecimento de laços que nunca estiveram presentes ajuda na cura de todos. Quando escrevi uma carta para meu pai expressando abertamente meus sentimentos por ele, falando de minha infância e ansiando por uma afirmação dele (que nunca veio), ele estava aberto e receptivo. Minha mãe foi quem respondeu com hostilidade; suas noções errôneas de perdão baseadas no cristianismo impediam o confronto direto e exigiam que quem tivesse nos machucado deveria pedir perdão. Embora ela tenha tentado me intimidar por eu ter falado com papai sobre nosso relacionamento, ele não fez o mesmo. Ele nunca falou comigo de fato sobre o conteúdo da carta, mas a leu, e nossa comunicação melhorou. Na carta, eu disse que o amava. Por causa de suas próprias experiências de infância, muitos homens negros que nunca conheceram o afeto de um pai não podem imaginar o quanto seus cuidados são importantes para as crianças. (A mãe de meu pai estava emocionalmente indisponível, embora o mimasse, e o único relacionamento parental que ele desenvolveu, já adulto, com seu pai biológico só aconteceu quando este estava casado com outra pessoa.)

O terapeuta Terrence Real afirma que existem cinco habilidades próprias que constituem a maturidade adulta, e, se essas "capacidades saudáveis não estavam presentes em nossos relacionamentos iniciais, elas estarão ausentes em nossa personalidade". Elas são a autoestima (considerar o Eu de forma calorosa), a autoconsciência (conhecer a própria experiência e compartilhá-la), os limites (autoproteger-se, mas ainda ser capaz de se conectar com os outros), a interdependência (identificar necessidades e desejos; cuidar de si mesmo, mas ser capaz de receber o cuidado dos outros) e a moderação (experimentar e expressar-se moderadamente). A maioria dos homens negros não adquiriu essas habilidades. Como elas formam a base psicológica necessária para ter filhos saudáveis, é importante que os homens negros tenham acesso a esses recursos. Mas, uma vez que são habilidades que estão em desacordo com os requisitos patriarcais de masculinidade, para adquiri-las o homem deve, primeiro, livrar-se do domínio do patriarcado sobre sua consciência. Ele precisa ser diferente, precisa fazer as coisas de maneira diferente. Para homens negros, isso significa ser ousado o bastante para criar novos roteiros de vida, para cultivar a coragem de curar. Thaddeus Goodavage revela, no ensaio "Are You My Father?", em *Father Songs*, que precisou de muita coragem para reconhecer que "a necessidade e o potencial de ser pai e de ser filho em minha alma tiveram de ser nutridos e tornados realidade", porque "eu estava tão paralisado por sentimentos profundos de solidão e desvalorização que não conseguia entender por que eu era uma pessoa valiosa e por que deveria tentar permanecer vivo".

Presos pela desumanização da vergonha tóxica, os homens negros feridos devem fazer o trabalho de recuperar seu passado para viver plenamente o presente. Para se curar, precisam sair do esconderijo e correr o risco de forjar conexões emocionais que não sejam humilhantes. Goodavage chegou à conclusão de que "precisava de ajuda". A partir daí, começou o processo de autodescoberta, "perguntando-me sobre minha vida familiar, sobre como eu fora criado, forçando-me a lembrar que minha dor é o começo da minha cura". Ao confrontar a infância e os relacionamentos iniciais, ao observar o que aprenderam e como as lições aprendidas afetaram seu senso de si e dos outros, homens negros feridos podem começar a curar a dor, sair do isolamento e se permitir viver novamente.

Imagine se, em vez de um espetáculo público de homens negros reunidos em um "dia de expiação" como a Marcha de um milhão de homens,[19] os homens negros tivessem sido soli-

---

[19] Conhecida como Million Man March, ocorreu em outubro de 1995, em Washington, após convocação de Louis Farrakhan, líder do movimento Nação do Islã. [N.T.]

citados a viver uma semana de cura durante a qual eles estabeleceriam conexão, fariam as pazes e praticariam o perdão com as pessoas que feriram. Imagine um programa de quatro dias que começa com homens negros fazendo as pazes com suas figuras de origem, depois com seus entes queridos, depois com amigos que feriram e, finalmente, reafirmando seus laços. Muitas vezes, o pensamento patriarcal diz aos homens que o que eles fazem fora é mais importante do que aquilo que fazem dentro de casa. Essa é uma das razões pelas quais a maioria dos homens negros não leva a sério a parentalidade. Muitos homens e mulheres negros pensam que tudo o que um pai precisa fazer é colocar dinheiro em casa. Embora o apoio material seja uma forma de demonstrar cuidado, jamais poderá substituir o vínculo emocional, o carinho e a interação amorosa.

Na prática antipatriarcal da parentalidade, o que é considerado mais importante para qualquer criança é que ela receba amor. E, como já disse, os pais podem amar seus filhos estando presentes em período integral ou não. Diferentemente do pensamento patriarcal segundo o qual a presença de um pai é necessária na vida familiar porque os homens são protetores e provedores superiores, a criação de filhos saudáveis está enraizada na suposição de que, porque vivemos em um mundo onde há dois gêneros, as crianças precisam ser capazes de fazer conexões emocionais com o homem e a mulher. Essas conexões podem começar corretamente no nascimento ou na primeira infância. Se o pai estiver presente e for amoroso, ele será uma fonte maravilhosa dessa conexão positiva; se não estiver presente, os filhos se beneficiarão muito por terem cuidadores parentais masculinos. Nas famílias saudáveis chefiadas por mulheres, onde as mães são sábias e amorosas, elas sabem que precisam fornecer modelos de masculinidade saudável para os filhos. Fazer isso é criar um lar funcional e repleto de afeto. Reconhecer o valor de uma presença masculina adulta amorosa na vida de uma criança não deve negar a realidade de que crianças saudáveis — meninos e meninas — são e podem ser criadas em lares onde não haja um homem presente o tempo todo.

Um pai amoroso saudável ou um cuidador parental adulto que assume uma função paterna demonstra seu cuidado da mesma maneira que as mães. Seja na parentalidade compartilhada ou como pai solo, a paternidade é reconhecida como tendo significado e intenção iguais. Existem evidências mais do que suficientes, particularmente nos dados sobre abuso infantil, para demonstrar que a experiência biológica da gravidez e do parto não torna a maternidade superior à paternidade. O testemunho de homens que são pais solo revela que eles nutrem os filhos de maneira semelhante às mulheres. No ensaio "Parentalidade revolucionária", em *Teoria feminista: da margem ao centro*, enfatizo a necessidade de atribuir à paternidade o mesmo valor que atrelamos à maternidade:

> No dicionário, a definição da palavra "pai" relaciona o seu sentido à aceitação de responsabilidade, sem mencionar palavras como "ternura" ou "afeto", normalmente mencionadas na definição da palavra "mãe". Ao transferir para a mulher a total responsabilidade pela nutrição — e isso significa satisfazer as necessidades materiais e emocionais das crianças —, a sociedade reforça a ideia de que a mãe é mais importante que o pai. [...] Mulheres e homens precisam definir o trabalho de pai e de mãe como se homens e mulheres tivessem a mesma responsabilidade pela

parentalidade. [...] Deveria haver um conceito de parentalidade que não fizesse distinção entre o cuidado materno e o paterno.

O modelo de parentalidade efetiva que inclui uma visão de amor atento é uma prática essencial tanto para pais quanto para mães.

Muitas vezes, os pais não aprendem a ser pais porque continuam assumindo que o papel do pai é apenas exercer autoridade e suprir necessidades materiais. Na cultura patriarcal, os pais aprendem que esse papel é secundário ao papel da mãe. Quando homens praticam a parentalidade usando o mesmo modelo eficaz ensinado às mulheres, eles criam lares e filhos saudáveis. Enquanto o número de homens negros que abandonam os filhos e que se afastam do papel de pai aumenta diariamente, é também verdade que, entre os homens que praticam uma paternidade efetiva, os homens negros estão bem representados.

Durante a terceira idade, meu pai se tornou um cuidador parental importante e amoroso para seus netos e bisnetos, a quem passou a fornecer um cuidado emocional que não deu aos próprios filhos quando éramos crianças. Com a idade, tornou-se mais consciente da importância do vínculo emocional. Ver esse desenvolvimento emocional em um patriarca negro restabelece minha esperança; me faz ver, na prática, que nunca é tarde para pais negros fazerem o trabalho da paternidade amorosa. Papai se transformou ao realizar esse trabalho. Abriu o coração que a masculinidade patriarcal lhe disse que deveria permanecer fechado para sempre. Ele é a personificação viva da mensagem feminista de que, quando os homens assumem o trabalho de ser pais, acabam assumindo o trabalho de se tornarem inteiros, reunindo as partes de si mesmos que o patriarcado exigia que cortassem. Eles aprendem a rir, a brincar e a expressar emoções. Aprendem a linguagem do perdão e da ternura. Falam palavras doces. Tornam-se mais parecidos com os pais de fantasia que admirávamos em nossas telas de televisão. Tornam-se homens que podem oferecer amor incondicional.

Nosso pai é importante para nós. Nós o valorizamos tanto quanto valorizamos nossa mãe. Rejeitando a noção patriarcal de que devemos supervalorizá-lo por ser homem, nós o valorizamos simplesmente porque o amamos. Precisamos dele porque o amamos. E nunca é tarde para expressar esse amor, para convidar nosso pai a encarar o trabalho de autorrecuperação, para que possa dançar conosco no círculo do amor. O ensaio autobiográfico de Lurma Rackley "My 'Real' Daddy's Girl" [Minha "verdadeira" garotinha do papai] lembra aos leitores que, por meio da prática do amor, um pai que não é pai biológico pode ser um pai tão "verdadeiro" quanto possível. Compartilhando a maneira como o respeito e o amor por ela e sua irmã estabeleceram as bases para que eles tivessem uma visão saudável da parentalidade do homem negro, Backley escreve:

> Às vezes, as pessoas que nos conheciam antes do casamento de mamãe e papai nos perguntavam se alguma vez ouvimos falar de nosso pai "verdadeiro". Eu achava que eles estavam loucos. Aquele era meu pai verdadeiro. Nenhum outro homem poderia me amar, ou me amou mais; nenhum outro homem poderia ter me ensinado, ou me ensinou, melhores lições, ou me mostrou um modelo melhor para um relacionamento homem/mulher.

Pais verdadeiros realizam o trabalho de crescer, de amadurecer emocionalmente. Pais verdadeiros dão amor, essa combinação de cuidado, compromisso, conhecimento, responsabilidade, respeito e confiança. Há os que nascem assim e os que se tornam assim.

Quando todos os homens negros aprenderem que a paternidade tem menos a ver com criação biológica do que com a capacidade de nutrir o crescimento espiritual e emocional na vida de uma criança, eles ensinarão essa lição aos homens que os perseguem. Eles não precisarão mais fugir de casa e da família para se encontrar. Farão o trabalho de autodescoberta e autorrecuperação exatamente ali onde estão, começando naquele lugar em que todos ansiamos por uma presença paterna.

08.
fazendo
o trabalho
do amor

Sempre que dou palestras sobre amor e falo sobre relacionamentos entre mulheres e homens negros, o público assume que estou falando de laços românticos. Tenho que lembrar as pessoas que me ouvem de que os relacionamentos românticos são apenas um dos laços que mulheres e homens negros compartilham, e que, quando falo de amor, incluo os relacionamentos entre pai e filha, mãe e filho, irmão e irmã, e assim por diante. Essas relações de origem — isto é, os vínculos íntimos que criamos no seio familiar — tendem a moldar as atitudes, os hábitos de ser e os modos de interagir que trazemos para as parcerias românticas. Tudo o que ouvimos sobre parcerias românticas entre mulheres e homens negros é negativo. Ouvimos que homens negros são imprestáveis e mulheres negras, rameiras e putas. Ouvimos que as taxas de divórcio são muito mais altas nesse do que em outros grupos. Ouvimos sobre mentira, trapaça e violência sórdida. Ouvimos sobre desconfiança e ódio. Ouvimos que as mulheres negras têm desfrutado mais dos bens da sociedade do que os homens negros, que elas estão avançando e deixando os homens para trás.

Nós recebemos as más notícias. E elas são repetidas inúmeras vezes. É o tipo de material que rende muitos filmes.

É assunto de romances e de poesia. Na cultura popular, há um bando de falastrões que nos dizem o que dá errado quando mulheres e homens negros se juntam. Há livros com títulos que nos colocam a pergunta: *Do Black Women Hate Black Men?* [As mulheres negras odeiam homens negros?], ou que anunciam que a "guerra de gêneros" continua.

Pouco ouvimos falar de mulheres e homens negros que se amam, de como essas pessoas conseguem encontrar o caminho para o amor quando as probabilidades estão todas contra elas. Não ouvimos falar de como estabelecem famílias negras afetuosas e funcionais. O silêncio coletivo em nossa cultura sobre relacionamentos saudáveis entre mulheres e homens negros nos prejudica. Mantém nossa mente e nosso coração fixos em tudo o que não está funcionando. Rouba-nos o conhecimento do que devemos fazer para que os relacionamentos funcionem. Faz com que muitos de nós procuremos o viés de confirmação, ou seja, partimos da suposição de que não existe amor entre mulheres e homens negros, e é justamente isso que encontramos.

Os relacionamentos entre mulheres e homens negros têm passado pelos mesmos desafios que acometem todos os relacionamentos em uma cultura de dominação em que prevalece o pensamento patriarcal. No entanto, a maneira como reagimos a essas dificuldades revela outras características. Diferentemente da cultura convencional, as pessoas negras procuramos umas às outras com a expectativa de encontrar amor, mas muitas vezes trazemos a expectativa adicional de que nossos relacionamentos vão desfazer os danos causados pelo racismo. Além disso, a maioria das pessoas negras se preocupa tanto em traçar o impacto do racismo em sua vida que deixa de examinar todos os outros traumas formativos dolorosos que podem ter pouco ou nada a ver com o racismo.

Honestamente, muitas vezes somos incapazes de admitir que a grande maioria de nós, homens e mulheres negros, vem de famílias disfuncionais e que esses laços íntimos iniciais podem nos impedir de alcançar maturidade emocional e bem-estar. A mentira mais prejudicial que continua a ser contada sobre a família negra é que ela é disfuncional pelo simples fato de que muitas de nossas casas são chefiadas por mulheres. As famílias afro-estadunidenses com pai e mãe têm a mesma chance de serem disfuncionais que as de mães ou pais solo. Quase todas as famílias de qualquer raça são disfuncionais em nossa sociedade. Devido ao impacto adicional do racismo, as disfunções na vida negra costumam ser mais extremas. As principais razões para a disfunção nas famílias negras são a lealdade cega ao pensamento patriarcal sobre os papéis sexuais e o acoplamento desse pensamento a crenças religiosas fundamentalistas. A cultura dominadora cria disfunção familiar.

Mais uma vez é preciso afirmar que, quando o racismo é adicionado a outras questões, as disfunções são intensificadas. O racismo, entretanto, não é a questão central. Sabemos disso porque alguns de nós transitaram de experiências de disfunção familiar para uma integridade saudável, enquanto o sistema racista permaneceu intacto. Ao mesmo tempo, tem sido mais fácil desafiar e mudar o racismo na sociedade do que alterar o rígido pensamento patriarcal sobre gênero que existe na vida negra e é frequentemente reforçado pela religião. A maioria das pessoas negras — mesmo aquelas que internalizaram o ódio racial — é antirracista e não argumentará que os brancos são melhores, superiores e devem nos governar. Todavia, a maioria dos negros não é antimachista — nem mesmo aqueles cujas circunstâncias de vida podem impossibilitar sua conformidade com os papéis machistas — e argumentará a favor da superioridade natural dos homens, apoiando seu direito ao domínio na família e no mundo lá fora.

É por meio da família que primeiro aprendemos os papéis sexuais e maneiras pelas quais devemos nos relacionar. Por isso, nenhuma discussão significativa sobre os relacionamentos entre mulheres e homens negros pode ocorrer se não começar com uma discussão sobre a infância, sobre o que aprendemos nessa época a respeito da interação social apropriada entre mulheres e homens. O terapeuta John Bradshaw afirma:

> Nossa família é o lugar onde vivenciamos nossos relacionamentos de origem. A família é o espaço onde descobrimos sobre nós mesmos nos olhos de nossos pais, onde nos vemos pela primeira vez. Na família, aprendemos sobre intimidade emocional. Aprendemos o que são sentimentos e como expressá-los. Nossos pais servem de modelo para quais sentimentos são aceitáveis e autorizados pela família e quais sentimentos são proibidos.

Nas experiências que tivemos ao crescer no seio de famílias patriarcais encabeçadas por pai e mãe, ou em famílias chefiadas por mães solo, muitos de nós aprendemos que homens e mulheres eram diferentes e que essas diferenças frequentemente levavam a conflitos; que os homens tinham o direito de dominar mulheres e crianças; que o castigo era algo bom; que a autoridade patriarcal estava sempre certa; e que as crianças realmente tinham o mesmo status que os escravos, cuja tarefa principal era obedecer. Quando a psicóloga Alice Miller escreveu sobre famílias disfuncionais em *For Your Own Good* [Para o seu próprio bem], ela chamou essas prejudiciais regras de parentalidade de "pedagogia venenosa":

> Os adultos são os mestres da criança dependente e determinam de maneira quase divina o que é certo e o que é errado. A criança é responsabilizada pela raiva dos adultos, e os pais devem sempre estar protegidos de enfrentar a realidade. Os sentimentos afirmativos da criança representam uma ameaça para os pais autocráticos, e, portanto, a vontade da criança deve ser podada o mais rápido possível, de preferência em uma idade muito precoce, para que ela não esteja ciente do que acontece e não seja capaz de expor os adultos.

Sempre que essas regras estiverem em vigor, ocorrerá violação e abuso. A grande maioria das pessoas negras é criada de acordo com essa pedagogia venenosa — e, na idade adulta, a defenderá. Por ser tão difundido, em muitas famílias negras existe um acordo tácito de que o "abuso" é bom para a criança. Na verdade, nem é chamado de abuso, mas de castigo. E a suposição subjacente é a de que as crianças negras são más e devem ser disciplinadas antes de saírem completamente do controle. Em geral, essas regras são colocadas em prática sem muita discussão. Nas famílias disfuncionais biparentais, mulheres e homens não conversam sobre a melhor maneira de criar os filhos.

Durante vários anos, lecionei literatura afro-estadunidense em turmas com um grande número de estudantes negros. Muitas vezes, eles se mostravam perturbados pelas representações de relacionamentos românticos entre mulheres e homens negros na ficção. Quando pedi a eles que descrevessem como era a comunicação que haviam testemunhado na infância entre mulheres e homens negros, quase todos concordaram que não havia muita conversa. Compartilhei com meus alunos que meus pais podiam estar na mesma sala um com o outro e um dos dois começaria uma frase com "diga à sua mãe..." ou "diga ao seu pai...". De modo geral, os alunos descreveram monólogos em que a pessoa do sexo oposto ouvia, mas raramente respondia — e não dialogava.

Conforme crescia, aprendia com o machismo aberto de meu pai que os homens preferiam mulheres que não conversavam, que apenas ouviam e obedeciam. Naqueles tempos, nossa mãe não falava muito, pelo menos quando papai estava por perto. O pensamento machista deles sobre os papéis apropriados para mulheres e homens sempre foi substanciado pelos ensinamentos do Antigo Testamento, que promoviam a noção de que mulheres, assim como crianças, deveriam ser vistas e não ouvidas. Os papéis de gênero em muitas famílias negras biparentais continuam a ser influenciados pelo machismo. Embora os críticos das relações entre mulheres e homens negros gostem de falar sobre a continuação da guerra de gêneros na vida negra, como se o conflito entre os dois grupos fosse alimentado pela revolução feminista, na verdade a causa da maioria das batalhas é a falha em se conformar às normas machistas. A maioria das mulheres negras não é feminista. Apesar de ouvirmos muito sobre como hoje em dia há mais empregos disponíveis para as mulheres, ou que as mulheres costumam ganhar mais dinheiro que os homens, o desejo de ter um homem que assuma um papel patriarcal convencional de protetor e provedor viril continua sendo a norma. Embora as mulheres negras trabalhem, elas, de maneira geral, sonham em não trabalhar. Ou sonham em ser capazes de parar de trabalhar por um tempo se houver um homem para dar conta de tudo. E elas querem que ele seja o cavaleiro de armadura brilhante, pronto para defender sua honra. Não importa que isso seja coisa de fantasia romântica, algo com o qual a igualdade de gênero deveria acabar. Este é o desejo básico de muitas mulheres, incluindo as negras: ter um homem que assuma os papéis masculinos machistas convencionais.

Ao mesmo tempo, a maioria dos homens negros não procura uma mulher que seja parceira; eles querem uma mulher tradicionalmente feminina, conforme definida pelo pensamento machista, que subordina sua vontade à do homem, que vive para agradá-lo. Eles podem apoiar o trabalho da companheira, desde que ela ganhe menos ou entregue sua renda ao homem, o verdadeiro responsável pelas finanças da família. Um dos maiores mitos sobre as relações entre mulheres e homens negros nesta nação é o de que as mulheres negras são matriarcas poderosas que não se submetem à vontade de seus homens. Na verdade, a maioria das mulheres negras está mais do que disposta a entregar o controle de seus recursos suados aos homens de sua vida: pais, irmãos, amantes e maridos. Não admira, portanto, que, no início do movimento feminista, quando foram realizadas pesquisas nacionais para determinar como os grupos de homens se sentiam em relação às mulheres que trabalhavam, os homens negros sempre aceitavam e apoiavam mais as mulheres que trabalhavam fora de casa do que outros grupos. Isso não era uma indicação de que homens negros eram menos machistas; pelo contrário, era uma afirmação de que eles não sentiam que estavam perdendo poder quando as mulheres negras saíam para trabalhar. De fato, como a igualdade de gênero na força de trabalho se tornou uma norma, é evidente que homens de todos os grupos estão menos preocupados com as mulheres que trabalham fora de casa, desde que eles sejam capazes de controlar as finanças. Mesmo quando uma mulher é rica, o homem com quem ela se relaciona não se intimida com seus recursos econômicos mais elevados — contanto que ele seja capaz de controlá-los. Além disso, agora que muitas mulheres trabalham fora, estudos mostram que isso não trouxe a igualdade de gênero para dentro de casa.

Embora os críticos das relações entre mulheres e homens negros estejam corretos quando apontam para níveis intensos de conflito, eles tendem a interpretar mal a natureza desse conflito. A maioria das mulheres e homens negros não está brigando porque as mulheres querem igualdade de gênero e os homens, domínio masculino; em grande medida, estão brigando porque uma parte sente que a outra não cumpriu o papel que concordou desempenhar. Geralmente, os homens são os que renegam. E a saída do contrato social costuma ser a infidelidade. Eles usam e abusam. Eles abandonam. Aos olhos da mulher negra patriarcal, eles não entregam o que deviam. Ela responde ao fracasso dele com sua própria versão de desprezo, esperando que possa provocá-lo, incomodá-lo, mudá-lo, transformá-lo no homem que ela quer que ele seja. Assim, mulheres e homens negros patriarcais ficam congelados no tempo, presos em um estado de desenvolvimento interrompido. Em geral, supõe-se simplesmente que as mulheres negras que chefiam os lares, que vão trabalhar e cuidam da família, são mais centradas do que os homens negros que não fazem sua parte — que estão sempre ausentes, não apoiam os filhos etc. A verdade, no entanto, é mais complexa. Muitas vezes, as mulheres negras que assumem a responsabilidade pela sobrevivência material da família são tão emocionalmente subdesenvolvidas quanto os homens negros que consideram irresponsáveis. Se existem homens negros patriarcais provedores que se apresentam à sociedade como legais, calmos e imperturbáveis, mas que se mostram um verdadeiro desastre psicológico na vida privada, o mesmo acontece com as mulheres negras.

As relações entre mulheres e homens negros patriarcais serão mais bem compreendidas quando não for mais assumido de maneira tácita que ela é emocionalmente estável e ele, emocionalmente instável. Ao considerar a possibilidade de muitos homens negros *e* mulheres negras estarem em um estado de desenvolvimento interrompido, presos por vínculos de fantasia e lealdade a falsos Eus, podemos não só entender melhor a natureza do conflito entre nós, mas também começar a curar nossas feridas. Podemos iniciar o trabalho de recuperação de relacionamentos [*relational recovery*]. O primeiro passo é romper com a negação, criada pela lealdade ao machismo, que nos ensina a desprezar nossa necessidade de conexões emocionais. Essa negação é especialmente prejudicial para os homens negros, pois o machismo permitiu às mulheres a liberdade de reconhecer e sentir emoções, mesmo quando somos desvalorizadas por causa disso. O terapeuta Terrence Real explica:

> Forçamos nossos filhos a saírem da plenitude e da conexão com que começam a vida. Em vez de cultivar intimidade [...] ensinamos meninos e meninas, de maneira complementar, a se enterrarem mais profundamente no Eu, a parar de falar a verdade ou

de dar atenção a ela, a nutrir desconfiança, ou mesmo desdém, pelo estado de proximidade que todos nós, pela nossa natureza, mais almejamos. Vivemos em uma cultura antirrelacional que desvaloriza a vulnerabilidade, que não apenas falha em cultivar as habilidades de conexão, mas também as teme de modo ativo.

Como negros em uma cultura supremacista branca, vivemos segundo uma psico-história que nos ensina a esconder ou reprimir completamente nossa vulnerabilidade, a fim de sobrevivermos.

Quando essa estratégia de sobrevivência se vincula à desvalorização cultural geral da vulnerabilidade, faz sentido que muitos negros tenham interpretado erroneamente a invulnerabilidade como um sinal de força emocional. Manter essa estratégia de sobrevivência quando não precisamos mais temer a violência extrema nas mãos de brancos racistas prejudicou nossos laços emocionais e íntimos. A incapacidade de ser vulnerável significa que somos incapazes de sentir. Se não podemos sentir, não podemos de fato nos conectar emocionalmente um com o outro; não podemos conhecer o amor. Não é de admirar que a falta de amor que abunda em nossa cultura seja ainda mais intensa entre os negros. Terrence Real compartilha da compreensão crucial de que "homens e mulheres não se amarão completamente até que ambos recuperem o estado de plenitude com que começaram a vida". Esse é o trabalho que mulheres e homens negros devem fazer se quisermos criar laços positivos em todas as áreas do relacionamento, não apenas nos laços românticos.

Cultivar habilidades relacionais tem sido difícil para muitos negros progressistas, porque isso muitas vezes nos coloca em uma relação conflituosa com nossas figuras de origem. Em nossas famílias, a obediência e o castigo corporal foram e são avaliados como sinais positivos da disciplina imposta pelos pais. Meus pais ficam furiosos quando eu identifico como abusivo o disciplinamento físico que praticaram comigo; eles o veem como a parentalidade positiva que me ajudou a ser bem-sucedida. Não querem ouvir sobre os sentimentos de desvalorização nem sobre os impulsos suicidas que dominaram minha adolescência. Eles querem esquecer seus abusos verbais. Ou preferem subestimar o impacto negativo disso. Essa resposta é uma reação comum das pessoas negras quando o assunto é o abuso dos filhos pelos pais.

Em vez de reconhecer a natureza disfuncional de nossas famílias, a maioria das pessoas negras idealiza suas origens. (Quantas vezes você já viu uma celebridade negra — um artista ou atleta — agradecendo a Deus e à família, principalmente à mãe?) Com frequência, os pais negros que são alvo desse agradecimento foram disciplinadores severos; na maioria das vezes, as mães foram dominadoras e possessivas, sobretudo em relação aos filhos, e humilharam as filhas. Para nos protegermos da realidade de que nossos pais costumam ser uma mistura de apoio afirmativo, em algumas ocasiões, e humilhação, em outras, tendemos a nos concentrar apenas no lado positivo. Muitos de nós fomos instigados, pelo abuso verbal, a internalizar sentimentos de desvalorização e inadequação e sofrer com eles, apesar de nossos sucessos. A voz da família pode ainda ser ouvida lá dentro de nós, dizendo: "Você nunca será nada", "Você é louco" ou "Você pode enganar os outros, mas não pode me enganar". John Bradshaw define o vínculo da fantasia como "a ilusão de conexão que criamos com nosso principal cuidador sempre que nossas necessidades emocionais não são atendidas adequadamente". Em geral, quando pessoas negras adultas se recordam da infância, idealizam o passado e os pais. "Quanto mais uma pessoa é emocionalmente reprimida, mais forte é o vínculo de fantasia. E, por mais paradoxal que pareça, quanto mais uma pessoa é abandonada, mais ela tende a se apegar à família e aos pais e idealizá-los. Idealizar os pais significa idealizar a maneira como eles criaram você", conclui Bradshaw. Homens negros são muito mais propensos que mulheres negras a idealizar a figura da mãe. Essa é a consequência de terem sido superprotegidos por mães corujas cujos filhos "não fazem nada errado". Raramente as mães negras superprotegem as filhas.

Em muitas famílias negras, a adoração da mãe pelos filhos do sexo masculino promove vínculos inadequados e abusos emocionais — sejam explícitos ou ocultos. Quando uma mãe sacrifica tudo pelo filho, ela geralmente envia a ele a mensagem de que ele lhe deve, de que ele nunca será capaz de lhe retribuir tamanha devoção. Como consequência, o filho se sente inadequado ou sente que a mãe deve ser seu relacionamento íntimo. Ele pode sentir que está traindo a mãe caso deseje ter um relacionamento de outra natureza com outra pessoa.

Mães solo disfuncionais e mulheres casadas que foram ou são abusadas e têm intensa raiva dos homens que as abandonaram costumam usar os filhos do sexo masculino para satisfazer suas necessidades emocionais; isso é abuso sexual emocional. Em alguns casos, a mãe pode exagerar o afeto pelo filho e ao mesmo tempo ser verbalmente abusiva em relação aos homens negros. Pode dizer que "todos os homens são malandros", que eles "não prestam" ou que devem ter o pinto "cortado". Isso ensina os meninos a desconfiar dos homens e a temê-los. O garoto pode temer se tornar um adulto e, como consequência, tenta permanecer uma eterna criança, no sentido emocional.

Dan Kiley chama isso de "síndrome de Peter Pan", que foi o título de seu célebre livro publicado no final dos anos 1980. No capítulo "Irresponsibility" [Irresponsabilidade], Kiley questiona: "Será que a masculinidade é assim tão ruim?", reproduzindo a pergunta feita por um garoto depois de ouvir comentários negativos sobre a masculinidade adulta. Kiley explica:

> Se você ouviu uma história de horror sobre crescer, não consideraria ficar exatamente onde está? Tudo o que você precisaria fazer é se concentrar em ser criança. [...] Você teria que brincar o tempo todo, se divertir não importa o que acontecesse e fingir que a realidade é um trabalho. [...] A irresponsabilidade é a chave para permanecer jovem.

Mais do que qualquer outro grupo de crianças do sexo masculino nesta nação, os meninos negros ouvem histórias sobre a masculinidade negra adulta que encheriam qualquer criança de pavor. Na televisão, eles veem que os homens negros são, na maioria das vezes, os bandidos, e independentemente de serem bons ou maus, morrem jovens. Não à toa, muitos jovens negros sentem que não há recompensa alguma em crescer e assumir responsabilidades. Geralmente, são mães apegadas — e, depois, namoradas e esposas apegadas — que permitem essa falta de autodesenvolvimento. Mulheres que se recusam a consentir com o Peter Pan negro tornam-se alvo de sua raiva reprimida.

Ao serem superprotegidos pela mãe de maneiras que os desempoderam, que os mantêm em um estado de desenvolvimento interrompido, a maioria dos homens negros acaba sofrendo com formas mais extremas de abuso emocional. Eles se tornam os meninos que são menosprezados, humilhados, envergonhados, objetos do sadismo implacável dos pais. O sadismo materno se expressa por meio de queixas e raiva constantes. Esse é sobretudo o caso das mães que ficam furiosas porque os homens de sua vida não estão fazendo a parte deles no cotidiano familiar. Essas mães podem levar os filhos a acreditar que eles são a razão de elas não serem livres. Elas podem se queixar das finanças inadvertidamente ou culpar diretamente os filhos. Podem fazer com que os filhos se sintam culpados por elas terem de gastar seu salário mirrado na criação deles. Podem conceder aos filhos pequenos prazeres, mas de má vontade. Crianças negras abusadas dessa maneira geralmente idealizam a mãe, vendo-a como "vítima". Seu objetivo na vida é, muitas vezes, ser bem-sucedidas para que possam sustentar a mãe. A mãe, contudo, pode ser a pessoa que constantemente lhes diz que são más ou que estão destinadas a ser um fracasso, mesmo quando ela expressa afeto. Bradshaw ressalta que chamar as crianças de más "nos primeiros sete anos é abusivo e prejudica a sua autovalorização", e que "espancá-las e puni-las por serem más as faz sentir vergonha". O menino negro que é humilhado se sente falho e defeituoso. Esses sentimentos são, sem dúvida, agravados quando ele recebe a mensagem da cultura tradicional de que homens negros são monstros.

Como toda criança violada e/ou abusada, os meninos negros podem ser obedientes à mãe e ao pai. Quando crescem e se tornam adultos, podem elogiar seus pais por lhes terem dado a disciplina necessária. Porém, no fundo, é provável que sintam uma necessidade fundamental de se afastar de mães e pais dominadores e nutrir uma raiva tremenda por não terem tido suas necessidades emocionais atendidas. E, se o incesto, a violência física e o vício tiverem feito parte da experiência familiar, o menino negro — tanto quanto a menina negra — se tornará disfuncional caso não haja uma intervenção positiva. Crianças disfuncionais transformam-se em adultos disfuncionais se não recebem ajuda.

Garotos negros que sofrem dessa maneira se tornam filhos adultos feridos. São vítimas diárias de vergonha tóxica. Bradshaw descreve as maneiras pelas quais a vergonha internalizada fere o espírito: "A vergonha resulta de todas as formas de abandono. O abandono físico causa vergonha. [...] Todas as formas de abuso psicológico — gritar, menosprezar, xingar, rotular, criticar, julgar, ridicularizar, humilhar, comparar, desprezar — são fontes de vergonha. Pais baseados em vergonha são modelos de vergonha. Como os pais que humilham seus filhos podem ensiná-los a amar a si próprios?". Os filhos feridos aprendem a esconder habilmente sua vergonha. Eles usam uma máscara.

Não surpreende que, quando esses homens feridos entram em relações românticas, os problemas comecem a aparecer. Como diz o ditado, "pessoas magoadas magoam outras pessoas". Dada a realidade de que meninos magoados crescem e se tornam homens que escolhem parceiras que espelham a mãe ou o pai que os vitimaram, ou assumem o papel de agressores com uma parceira que não se assemelha às suas figuras de origem, faz sentido que os laços românticos entre mulheres e homens negros permaneçam cheios de conflito. Tanto o homem quanto a mulher trazem à relação uma dor não resolvida. E ambos estão psicologicamente preparados para agir mal. As mulheres negras podem se comportar de maneira controladora — espelhando, assim, a mãe dominadora. Podem utilizar todas as estratégias de culpabilização, reencenando padrões familiares de abuso. Naturalmente, o homem negro magoado responderá com raiva. Presos em padrões de codependência, eles reforçam suas mágoas e são incapazes de criar amor — para isso, precisariam crescer. Para alcançar a maturidade emocional, eles teriam de lidar com a dor do passado.

Assim como muitos homens negros trazem para o relacionamento amoroso uma criança interior ferida e zangada com a mãe por ela não ter criado entre eles uma conexão sustentada, as mulheres negras trazem o ego ferido, a raiva pelos pais que as abandonaram. Os laços românticos entre mulheres e homens negros se tornaram mais violentos e raivosos porque o abuso nos relacionamentos de origem se tornou mais comum. Quando eu era criança, minha mãe não trabalhou fora de casa durante os meus anos de formação. Ela era muitas vezes a pacificadora, estando entre nós e os abusos de papai. Ela deu duro para criar um lar tranquilo e atencioso. Em certas ocasiões, porém, ela também era dominadora e verbalmente abusiva. O abuso traumático acabou sendo infligido, pontualmente, pelo nosso pai violento e irascível. Felizmente, para nós, os aspectos bons superaram os maus. Na maioria dos lares onde os pais estão sobrecarregados, mal remunerados e estressados, não há ninguém para fazer o trabalho de pacificação e cuidado emocional. Essa é uma das razões pelas quais as famílias se tornam disfuncionais. Quando a luta pela sobrevivência converge com o mundo do vício, o lar se torna um inferno, e todos sofrem. Apesar disso, em famílias negras nas quais há privilégio de classe e abundância material, os pais podem ficar tão imersos no trabalho que não atenderão ao bem-estar emocional dos filhos. Eles podem acreditar que comprar tudo e satisfazer caprichos materiais é suficiente. Negligência e abuso emocional atravessam classes e circunstâncias.

As relações entre mulheres e homens negros mudarão para o melhor à medida que mais e mais pessoas negras se conscientizarem do impacto prejudicial do pensamento patriarcal e das crenças religiosas fundamentalistas. Reativar a importância da conexão emocional é crucial para recuperarmos os relacionamentos. Em *Creating Love* [Criando amor], John Bradshaw escreve:

> Um jeito de entender o que constitui a funcionalidade em uma família é dividir a palavra "responsabilidade". Ser responsável é uma habilidade. Famílias funcionais são criadas por pessoas funcionais. As pessoas funcionais têm a habilidade de responder a sentimentos, necessidades, pensamentos e desejos umas das outras. Nas famílias funcionais, todos os membros podem expressar o que sentem, pensam, precisam ou desejam. Os problemas são tratados de forma aberta e eficaz.

Obviamente, para curar feridas criadas em laços disfuncionais, mulheres e homens negros devem se comprometer a dizer a verdade, a praticar a integridade.

Como a traição é uma das principais causas de mágoa entre homens e mulheres negros, o compromisso com a comunicação honesta e aberta é essencial para fazer as pazes e criar amor. M. Scott Peck chama essa disciplina de "dedicação à verdade", a qual deve ser continuamente empregada "para que nossa vida seja saudável e nosso espírito cresça". Em *The Road Less Traveled* [A estrada menos percorrida], Peck afirma que "apegar-se a uma visão obsoleta da realidade é a base de muitos transtornos mentais". Os afro-estadunidenses cultivaram muitas estratégias de sobrevivência necessárias para enfrentar o terrorismo racista brutal do apartheid sancionado pelo Estado. Uma dessas estratégias era a arte da dissimulação, assumir qualquer aparência, identificada no vernáculo como "usar a máscara". Em uma circunstância terrorista, a capacidade de mascarar sentimentos, de mentir, fingir e aparentar invulnerabilidade era necessária. Contudo, essas estratégias de sobrevivência ultrapassadas têm sido prejudiciais em nossa vida íntima. E elas não são mais úteis fora de casa. Os negros têm se mostrado muito mais dispostos a abandonar essas estratégias no mundo exterior, mesmo que ainda se apeguem a elas nos relacionamentos íntimos.

Homens negros, como outros grupos de homens na cultura patriarcal, descobriram que mentir e omitir a verdade é uma forma de poder. Os dominadores a utilizam para explorar e oprimir os outros. Muitos homens negros são viciados em mentir. Esse vício pode ter começado na infância, como forma de evitar punições severas ou de não prejudicar pais sobrecarregados e cansados. Isso, contudo, impede os homens negros de conhecer o amor. Viver sem integridade é viver sem autoestima — cerne do amor-próprio. Se um homem negro não amar a si mesmo, será incapaz de criar um relacionamento amoroso com alguém. E seus laços românticos estarão repletos de comportamentos nocivos. Em muitas comunidades afro-estadunidenses, o homem negro mulherengo, cuja vida é baseada em mentiras, segredos e silêncios, é frequentemente visto como símbolo da masculinidade desejável. Isso porque a educação sexual patriarcal ensina aos homens que o que importa mesmo é foder. Assim, o homem mulherengo fode muito, mas raramente se satisfaz. Em parte, essa foi a mensagem do filme *Sweet Sweetback's Baadasssss Song*. O "garanhão" negro é sempre um homem em fuga. Ele não tem laços significativos, um lar de verdade, um propósito. Esse é outro falso Eu que os negros disfuncionais tentaram representar como uma imagem de poder.

A designação de um homem negro como "jogador" é na verdade um eufemismo para vigarista. E, apesar de esse jogador, enquanto cafetão e bandido, ser glamorizado nas comunidades negras, a verdade é que ele é um homem solitário, fugindo de si mesmo. Muitas vezes, o garoto abusado sexualmente se torna o mulherengo, o garanhão. Seu vício sexual é uma forma de evitar sentimentos. Em *Heart of the Soul*, Gary Zukav e Linda Francis descrevem esse comportamento como "uma defesa contra a consciência da experiência mais dolorosa [...] a experiência de ser impotente". O comportamento sexual viciante é uma barreira à intimidade. Quando homens e mulheres negros estão explorando um ao outro, a intimidade não é possível. É importante ressaltar que Zukav e Francis afirmam que "conectar a experiência de atração sexual viciante com a prevenção de emoções dolorosas é um passo significativo na cura do vício em sexo". Se mulheres e homens negros cultivarem a consciência emocional, a recuperação relacional não parecerá mais impossível. O terapeuta Terrence Real escreve, em *How Can I Get Through to You?*, que "a maneira de manter a paixão viva é dizer a verdade — a verdade sobre o que vemos, o que sentimos, o que realmente queremos. [...] O amor maduro exige que reconheçamos nossa experiência completa, nossos sentimentos e desejos, enquanto fazemos escolhas adultas sobre eles". Para curar a dor entre mulheres e homens negros, precisamos aprender a dialogar, a escutar ativamente.

Ao trabalhar com casais para restaurar seus relacionamentos, Terrence Real os encoraja a aprender a se comunicar e negociar. Ele afirma: "A autoestima relacional nos ajuda a entender como falar a verdade para nós mesmos. Aprender a falar racionalmente é um mapa para contar nossa verdade a outras pessoas. A fim de viver além do patriarcado, devemos nos permitir regular todos os dias nossos níveis de vulnerabilidade". Muitos homens negros desejam ter permissão para ser vulneráveis, esperando que mães e familiares do sexo feminino, amigas e companheiras assegurem que eles ganharão poder pessoal abrindo o coração, escolhendo a experiência da intimidade em detrimento da dureza. Ao oferecer uma estratégia útil para casais que buscam a reconciliação, Real nos incentiva a procurar o positivo, o que segundo ele significa "selecionar, entre o que você ouve, as coisas com as quais pode concordar e as quais pode oferecer". Com compaixão e perspicácia brilhante, ele compartilha que os homens costumam ver essa seleção do que é positivo como um ato de submissão:

> Ouvimos frequentemente que os homens têm medo da intimidade. Não acredito que isso seja verdade. Acho que muitos homens não sabem o que é intimidade. O mundo competitivo da masculinidade deixa pouco espaço para a ternura. Uma pessoa é controladora ou controlada, dominadora ou dominada. Quando

os homens falam em temer a intimidade, o que eles realmente querem dizer é que temem a submissão. De modo visceral, a maioria dos homens em nossa cultura experimenta a vulnerabilidade como um abrir-se para ser invadido.

Dada a longa história de subordinação forçada que os homens negros sofreram como consequência da exploração e da opressão racistas, adicionada à equiparação que o patriarcado traça entre vulnerabilidade e castração, o medo de ser subjugado é ainda maior entre os homens negros. Uma vez que muitas mulheres negras emocionalmente imaturas tendem a ser controladoras, pode ser ameaçador para homens negros se abrir, ser emocionalmente receptivos e ouvir. No entanto, esse é o trabalho que precisa ser feito. E mulheres e homens negros corajosos estão fazendo o trabalho do amor.

Sou muito diligente, o que significa que muitas vezes erro por ser um tanto controladora ou por passar essa impressão. Como sou uma pessoa que fala muito e meu parceiro é mais do tipo quieto, tem sido útil para nós fazer uma breve reunião semanal onde nos revezamos nos papéis de facilitador e dialogador. Uma vez que ele, assim como muitos homens, se sente mais à vontade no espaço de uma "reunião", onde sabe se comportar de maneira mais confiante, nós dois temos a oportunidade de participar de negociações, transformar uma queixa em uma solicitação, lançar demandas razoáveis ou convites acolhedores. Nas relações com parceiros negros, tenho a sorte de conhecer homens que estão dispostos a elaborar, a se reunir à mesa do amor e a fazer o trabalho de recuperação relacional.

Há alguns anos, quando eu conversava com uma amiga negra sobre meu desejo de ter um relacionamento, ela ficava me pressionando para eu dizer o que queria. Foi quando afirmei, calmamente: "Quero um parceiro que esteja disposto a refletir, dialogar e negociar". Ela riu e respondeu: "Então você não quer um homem negro". Depois, articulei o mesmo desejo com um filósofo negro, que ecoou a impressão da minha amiga, dizendo: "Os homens negros não querem fazer autorreflexões existenciais", ou seja, eles querem ser agentes autodeterminantes responsáveis por suas escolhas nos relacionamentos.

Embora esses sentimentos sejam, sem dúvida, um retrato exato de como muitos homens negros se comportam, também é seguro afirmar que os homens negros desejam o amor e, como esse desejo não pode ser satisfeito até que eles realizem trabalhos de recuperação, individualmente eles estão ansiosos para sentir e curar, elaborar. O escritor Kevin Powell faz um trabalho de elaboração quando escreve, no ensaio "Confessions of a Recovering Misogynist":

> Assim como sinto que são os brancos que precisam ser mais vociferantes sobre o racismo em suas comunidades, sinto que são os homens que precisam falar mais alto sobre machismo entre si. [...] A questão é que houve um modelo entregue a mim na infância me dizendo que era assim que um homem deveria se comportar — e eu, sem querer, segui o roteiro à risca. Não me foi entregue um modelo sobre como começar a me livrar do machismo quando adulto. [...] Todos os dias eu luto contra mim mesmo.

Ao lutarem contra si mesmos, realizando o trabalho de recuperação interna, mulheres e homens negros chegam aos relacionamentos mais preparados, prontos para fazer o trabalho do amor. A recuperação relacional começou para os afro-estadunidenses no momento em que a escravidão terminou. Como o mito de Ísis viajando ao redor do mundo para encontrar as partes desmembradas de seu amado irmão Osíris e ajudá-lo a ser inteiro novamente, mulheres negras e homens negros têm um longo e proveitoso legado no qual se basear, mapas da vida que mostram nossa busca por formas de nos unir e permanecer juntos no amor. Nossa tarefa é aprender a ler e seguir esses mapas.

A recuperação relacional afastará homens e mulheres negros do modelo dominante de relacionamento, no qual uma pessoa ocupa uma posição superior à da outra. Isso nos afastará do patriarcado em direção a uma política feminista amorosa que nos permitirá abraçar completamente a igualdade de gênero. E, ainda mais importante, nos permitirá sustentar uma visão de relacionamento amoroso enraizado na mutualidade, uma visão que diz que há amor suficiente para todos nós, que nossas necessidades podem ser atendidas e nossos anseios, realizados. Esse é o amor que Toni Morrison evoca no romance *Amada*, de 1987, quando cria uma imagem do homem negro como curador de corações feridos, capaz de "juntar todos [os pedaços do que eu sou] e me devolver todos na ordem certa". Nos anos 1960, fazendo terapia para me recuperar, escrevi longas passagens sobre meu avô, um homem negro amoroso, que mais tarde foram publicadas em *Bone Black*, a autobiografia da minha infância. Escrevi: "Seus aromas enchem minhas narinas com o perfume da felicidade. Com ele, os cacos do meu coração se reúnem novamente". Essas visões de homens negros como curadores, capazes de nutrir a vida, são as representações da masculinidade negra que "a mantêm real", pois oferecem a visão do que é possível, uma sugestão do espírito que está vivo e passa bem no ser coletivo masculino negro, que está pronto para renascer. Elas afastam nossa mente e nosso coração das imagens de homens negros que conheceram o assassinato da alma, e nos falam de ressurreição, de um mundo em formação onde tudo está bem com a alma dos homens negros, onde eles são livres e estão plenos.

09.
curando a ferida

Ao ministrar aulas sobre raça e gênero, muitas vezes me vejo na frente da classe, olhando para um grupo diverso de estudantes que, com frequência, querem me dizer que racismo e machismo não são mais um problema, que diferenças realmente não importam, que ninguém nota isso porque "somos todos apenas pessoas". Então, da próxima vez que nos encontramos, proponho a eles um exercício. Pergunto: se estivessem prestes a morrer e pudessem escolher voltar à vida como um homem branco, uma mulher branca, uma mulher negra ou um homem negro, qual identidade escolheriam? Independentemente da composição da turma — às vezes predominantemente branca, outras predominantemente negra e/ou de cor, às vezes com maioria de mulheres e às vezes igualmente dividida entre mulheres e homens —, a maioria das pessoas escolhe voltar como um homem branco. As justificativas confirmam a hierarquia de raça e gênero em nossa nação: todos acreditam que terão maiores chances de sucesso e de viver muito e bem se forem homens brancos. O número de respostas para cada categoria geralmente segue as linhas da ordem social existente: homem branco, mulher branca, homem negro, mulher negra. Normalmente, ninguém — nem mesmo as mulheres negras — escolhe voltar como uma mulher negra.

Não importa a quantidade de informações que os estudantes tenham recebido da mídia sobre homens negros serem uma espécie ameaçada de extinção. Eles olham em volta e veem que, quando se trata de fama e fortuna, homens negros privilegiados se saem melhor do que as mulheres negras. Embora as mulheres negras possam ter acesso a mais empregos do que os homens negros, melhor educação, maior expectativa de vida, menor probabilidade de serem presas, todo mundo entende que, se você olhar de cima para baixo, e não de baixo para cima, o privilégio masculino permite aos homens negros, muito mais do que às mulheres negras, chegar ao topo. É óbvio que, na realidade, há muito mais homens negros atingindo o fundo do poço do que alcançando o topo.

Ao escrever este livro, eu esperava desafiar a noção equivocada de que a nossa é uma cultura que ama homens negros. Eu queria deixar evidente que há uma crise no espírito masculino negro em nossa nação. E essa crise não ocorre porque os homens negros são uma "espécie em extinção"; é uma crise perpetuada pela desumanização generalizada, pela desconsideração do homem negro como membro da categoria humana, categoria que os identifica como animal, besta, outro — o que é precisamente o caso quando alguém usa a frase mais popular para se falar de animais, *espécie ameaçada de extinção*, ao descrever o grupo de homens negros. Vale a pena notar que pessoas brancas não esclarecidas começaram a usar essa frase à medida que mais vozes negras femininas passaram a desafiar o machismo negro e exortar os negros a acabar com o machismo e a dominação masculina na vida negra.

As mulheres negras progressistas sábias entenderam há algum tempo que a ameaça mais genocida à vida negra estadunidense, e especialmente à vida masculina negra, são o pensamento e a prática patriarcais. Elas entenderam que qualquer reunião de mulheres e homens negros livres, inteiros e descolonizados constituiria um desafio formidável ao patriarcado supremacista branco capitalista imperialista. Ontem e hoje, o patriarcado supremacista branco descobriu que a melhor maneira de impedir a solidariedade entre mulheres e homens negros é fazer parecer que elas estão obtendo poder enquanto o poder deles está diminuindo. É a velha estratégia do "Cara, ela está te fazendo de gato-sapato", mais uma vez o "dividir para conquistar". E, como no passado, isso funciona.

Qualquer um que estude a libertação negra pode dizer que a escravidão terminou e os direitos civis se tornaram uma realidade para as pessoas negras deste país em parte por causa da participação conjunta de homens negros e mulheres negras na luta de resistência. Manter as mulheres e os homens negros disputando a posição de quem é mais oprimido, em vez de incentivá-los a trabalhar juntos para acabar com o nosso sofrimento coletivo, é uma estratégia que serve aos interesses de todos os que são inimigos da autodeterminação negra. Quando a questão é o sofrimento, a simples frase "pessoas magoadas magoam pessoas" compreende a verdade de nossa vida como afro-estadunidenses. Todos nós estamos sofrendo. Quando homens negros sofrem, todos nós sentimos dor.

Se existe alguma distinção entre o status de mulheres e homens negros, não há diferença na natureza substantiva do sofrimento ou no grau de risco de ameaça à vida. O que é diferente para homens negros, o que dificulta sua sobrevivência em relação às suas correspondentes femininas, é a escassez de teoria e prática de cura que abordem a dor e o potencial de homens negros (incluindo aí redes de apoio e intervenções terapêuticas), bem como a recusa coletiva, da parte deles, de usar construtivamente os recursos disponíveis para o seu empoderamento. Embora a maioria dos homens negros e das mulheres negras adote o pensamento patriarcal tóxico, geralmente estas sobrevivem sendo flexíveis e rompendo com o pensamento patriarcal quando necessário. Por exemplo, meu pai nunca quis que mamãe trabalhasse, mas ela entendeu que, para garantir o progresso educacional dos filhos, precisava trazer dinheiro para casa. Ela o desafiou para poder trabalhar fora, o que ajudou sua autoestima. Ela avançou positivamente e nos ajudou a avançar, e papai ficou travado, irritado por ela ter saído para trabalhar. Sua raiva pelo desafio dela criou negatividade e conflito, diminuindo o bem-estar de ambos e da família como um todo. Regras rígidas e o apoio à dominação masculina na tomada de decisões, mesmo quando equivocadas, fazem parte do pensamento patriarcal.

Nomeando as regras do patriarcado em *Creating Love*, John Bradshaw cita estas quatro: a insistência na obediência cega; a repressão de todas as emoções, exceto o medo; a destruição da força de vontade individual; e a repressão do pensamento sempre que este se afasta do ponto de vista das figuras de autoridade. No mundo de hoje, os meninos negros são socializados no pensamento patriarcal da mesma maneira que a geração de meu pai, décadas atrás. Kevin Powell descreve o processo no ensaio "Confessions of a Recovering Misogynist":

> Eu sou um homem machista. [...] Não é que eu tenha nascido assim — na verdade, nasci nesta sociedade dominada por homens e, consequentemente, no exato momento em que come-

cei a estruturar pensamentos, eles se estruturaram de maneira decididamente centrada no homem. [...] Minha mãe, trabalhadora pobre e um produto do sul conservador e patriarcal, me criou como a maioria das mulheres é ensinada a criar meninos: o mundo era meu, não havia tarefas do lar para eu desempenhar e minhas agressões eram consideradas normais, algo que nós, rapazes, realizamos como um rito de passagem.

Foi só quando Powell se viu agindo violentamente contra as mulheres com quem se importava que iniciou o processo de aprender o pensamento antimachista; esse pensamento salvou sua vida e melhorou seu dia a dia. Sua transformação mostra que a mudança é possível, que os homens negros que escolhem esse caminho podem aprender novas maneiras de pensar e novos hábitos de ser.

Poucos homens negros podem analisar os dados sobre a vida de homens negros e não enxergar os perigos que enfrentam e até que ponto tais perigos existem devido à sua fidelidade cega à cultura dominadora. O homicídio de homens negros por seus pares não existiria se não fosse incentivado e reforçado por noções de masculinidade patriarcal e supremacia branca, pois, se se tratasse apenas de tiroteios masculinos, homens negros matariam homens brancos nas mesmas proporções em que se matam entre si. Eles assumem a premissa racista/sexista de que o homem negro não tem valor e, portanto, quando você tira a vida de um homem negro, você está tirando nada do nada. Assim sobreviveu o niilismo. No ensaio "It's Raining Men" [Está chovendo homens], Robert F. Reid-Pharr descreve os homens negros como os "cidadãos menos livres" dos Estados Unidos, refletindo:

Já que um terço dos homens negros neste país definha em prisões ou sob as ordens de variadas comissões de liberdade condicional, já que os homens negros continuam a ser super-representados no tráfico de drogas e entre as legiões de pessoas com doenças crônicas (HIV, câncer, doenças cardíacas, alcoolismo); já que entregamos nossa vida à violência ou a certo desespero silencioso, nós nos tornamos o emblema da feiura, da bestialidade e da barbárie.

A sociedade patriarcal supremacista branca capitalista imperialista em que estamos vivendo é responsável por muitos dos horrores que os homens negros devem enfrentar. Todavia, os homens negros são responsáveis pela maneira como enfrentam esses horrores ou deixam de fazê-lo. Eles devem ser responsabilizados quando traem a si mesmos, quando escolhem caminhos autodestrutivos.

A maioria dos homens negros se apega a estratégias de sobrevivência obsoletas, como o pensamento patriarcal, porque temem que, se abandonarem o pouco "poder" que talvez tenham no sistema existente, não terão nada. Esse é um medo irracional, que exerce uma grande influência na psique masculina negra por causa do assassinato da alma que ocorre na infância. É a esse assassinato da alma que Richard Wright se refere quando escreve: "Nem te deixam sentir o que você quer sentir". No livro *Bradshaw On: The Family* [Bradshaw explica: A família], John Bradshaw afirma:

> O assassinato da alma é o problema básico do mundo hoje; é a crise na família. Negamos programaticamente às crianças seus sentimentos. [...] Uma vez que uma pessoa perde contato com os

próprios sentimentos, ela perde contato com o próprio corpo. [...] Reprimir os sentimentos, o corpo, os desejos e os pensamentos é perder a si mesmo. Perder a si mesmo é ter a alma assassinada.

Ao contrário das mulheres negras — que, segundo o pensamento machista, recebem permissão para ser sentimentais e, portanto, capazes de permanecer em contato com os próprios sentimentos na infância, mesmo quando somos abusadas ou ensinadas a mascará-los para parecermos "fortes" —, exige-se dos homens negros, por meio de rituais de masculinidade patriarcal, que renunciem à capacidade de sentir. O garoto negro cuja alma foi assassinada tem mais dificuldade de se recuperar do que a garota perturbada. Tragicamente, o pensamento patriarcal que o homem negro adota é a lógica que o manterá mentalmente escravizado e mentalmente doente. Homens negros esclarecidos sabem disso. É por isso que a missão do grupo Black Men for the Eradication of Racism [Homens negros pela erradicação do racismo] afirma abertamente: "Aceitamos uma definição de nós mesmos que está nos matando de um modo que bala alguma jamais poderia".

Embora a maioria das mulheres negras não se identifique com o pensamento antipatriarcal nem apoie o feminismo, elas, assim como outros grupos de mulheres, se beneficiam do foco feminista na cura. O movimento feminista estabeleceu com sucesso uma política de autorrecuperação e autoajuda que aborda diretamente a dor feminina e oferece estratégias de transformação. Existe um significativo corpo de trabalho de mulheres negras progressistas que prioriza a cura. Em um pós-escrito do ensaio "A Phenomenology of the Black Body" [Uma fenomenologia do corpo negro], o escritor negro

Charles Johnson oferece a valiosa percepção de que, em um "feito surpreendente e revolucionário de reconstrução cultural, as mulheres negras contemporâneas tornaram dominante o perfil do corpo feminino como fundamentalmente espiritual". Coletivamente, os homens negros ainda precisam intervir nas representações culturais negativas do corpo masculino, porque não podem mudar a maneira como são vistos (brutos, bestas, bastardos) sem desafiar noções patriarcais de masculinidade e noções supremacistas brancas da identidade masculina negra.

Homens negros podem se engajar e aprender com estratégias de autorrecuperação de mulheres negras saudáveis que amam a si mesmas. A escrita progressista que desafiou os estereótipos existentes e ofereceu às mulheres negras maneiras alternativas de verem a si próprias nunca foi elaborada apenas para um público feminino. No entanto, para colher a sabedoria curadora do trabalho de escritoras negras, os homens negros precisam praticar a empatia. Ao passo que mulheres negras visionárias começaram a produzir um corpo de literatura de libertação que ajuda todos nós no processo de autorrecuperação e autodeterminação, começamos a ouvir sobre a escassez de líderes negros. Passamos a ser informadas, por meio da grande mídia (em geral com os homens negros machistas como porta-vozes), de que as mulheres negras não poderiam criar uma criança negra saudável do sexo masculino. Acrescentou-se a isso a patriarcal Marcha de um milhão de homens, realizada em 1995 e impulsionada pelos meios de comunicação de massa, que promoveu normas machistas de gênero e cuja retórica ecoou o relatório de Daniel Patrick Moynihan, *The Negro Family: The Case for National Action*, de 1965. Todos esses ataques a movimentos antipatriarcais progressistas na vida negra aconteceram como cortesia do patriarcado branco. Contudo, homens negros inconscientes são seduzidos pelo patriarcado — O Homem — muitas e muitas vezes, não importa quanto isso os viole e os mantenha deprimidos. As mulheres negras patriarcais fazem parte do problema. Elas reencenam os dramas baseados em humilhação que ferem o espírito masculino negro. Como Quinn Eli compartilha, no ensaio autobiográfico "A Liar in Love" [Um mentiroso apaixonado], as mulheres negras eram, em geral, as pessoas que colocavam sua masculinidade sob controle através de rituais de humilhação.

> Uma mulher que eu conheci dava um jeito de convencer os homens de sua vida de que sua infelicidade era, de alguma forma, culpa deles — e que essa incapacidade de fazê-la feliz estava relacionada, de alguma forma, à masculinidade deles. [...] Então, em minhas brigas com ela por domínio e controle, ela quase sempre era a vencedora, porque, assim que se sentia ameaçada o suficiente, invariavelmente gritava: "Você não sabe merda nenhuma sobre ser homem". E, como um balão atingido abruptamente pela ponta de um alfinete, eu explodia e depois caía no chão.

O tipo de humilhação que ele sofreu nas mãos dessa mulher negra patriarcal é uma ocorrência comum — que, para muitos homens, se inicia na infância, com mães que já dizem aos filhos que falharam como "homens" antes mesmo que eles possam andar. Embora seja adulto, Kevin Powell ainda teme a capacidade que a mãe tem de derrubá-lo. "Há dias em que falar com ela me transforma de novo naquele garotinho encolhido sob o cinto e a língua de uma mulher profundamente ferida por meu pai, pela pobreza, pelo machismo que dominou sua vida." Dada essa história de sadismo material, tão frequentemente manifestada na vida masculina negra como vergonha da masculinidade, não é de admirar que muitos homens negros temam mulheres negras, vendo-nos sempre e apenas como cadelas dominadoras e controladoras que eles não suportam ouvir.

Quando mulheres negras visionárias trazem uma mensagem de cura que poderia capacitar os homens negros, elas recebem o alerta vermelho de todas as vozes internas patriarcais do Paizão à espreita: ele não deve ouvir nada do que ela tem a dizer, ela está apenas tentando derrubá-lo. Homens negros conscientes dispostos a ouvir, como o grupo que trabalha na Men Stopping Violence [Homens pelo fim da violência], têm suas vozes interiores silenciadas. Esses homens negros antimachistas escreveram ao ministro Farrakhan para criticar o machismo da Marcha de um milhão de homens, afirmando de antemão: "Somos homens negros trabalhando para acabar com toda a violência masculina contra as mulheres", e concluindo com um pedido aos organizadores para que considerassem "as consequências físicas, mentais e espirituais de reforçar a noção de que os homens negros precisam 'assumir' a liderança das famílias". Nenhum veículo da grande mídia, porém, desviou os holofotes na direção deles.

Uma das desvantagens fundamentais que os homens negros progressistas e antimachistas enfrentam é o fato de não terem uma plataforma nacional de educação para a consciência crítica. O movimento feminista, juntamente com a autoajuda centrada na mulher, não levou apenas à formação de plataformas que mulheres de todas as raças puderam usar para espalhar a palavra: ele também mostrou que as mulheres estavam dispostas a pagar por produtos que promovessem a causa da autorrecuperação, criando assim um novo mercado. Nenhum líder negro carismático e antimachista com o objetivo de educar os homens negros para a consciência crítica ficou famoso ao adotar uma plataforma para salvar a alma dos homens negros, para ajudar os homens negros a resolver seus problemas e, muito menos, para engajar-se na prática do amor-próprio.

Alguns homens negros em busca de novas estratégias de vida utilizam de maneira produtiva o trabalho visionário das mulheres negras. Eles acolhem, como professoras e camaradas, mulheres negras esclarecidas. Ouvir mulheres negras emocionalmente maduras e saudáveis é essencial para a autorrecuperação masculina negra. Em entrevistas com homens negros em recuperação, pedi a eles que mencionassem as estratégias de vida que utilizavam para o autoempoderamento; uma grande parte deles citou a busca de ajuda de mulheres negras. Em diversas comunidades negras, o machismo muitas vezes levou as pessoas a supor que o líder, curador ou professor espiritual precisa ser um homem negro. Pouco antes de ser assassinado, Malcolm X elogiou as mulheres negras por nossa contribuição à luta pela liberdade: "Sou uma pessoa que lhes oferece todo o espaço possível, porque elas deram à causa uma contribuição maior do que muitos de nós, homens". Ouvir e aprender com mulheres negras progressistas é uma forma de os homens negros começarem o trabalho de autorrecuperação.

Os homens negros não precisam prolongar sua dor enquanto se envolvem na busca por um salvador — isto é, enquanto aguardam o líder negro que os resgatará. Em *The Heart of the Soul*, Gary Zukav e Linda Francis definem a busca por salvadores como "o esforço para localizar um indivíduo ou uma circunstância que possa livrar você de seu desconforto". Eles alertam que a busca por salvadores pode assumir a forma mundana de acreditar que você será transformado por dinheiro, fama, educação, um companheiro perfeito, emprego ou automóvel. Eu chamo isso de viver pelo princípio de "se ao menos...". Muitos homens negros acomodam-se, pensando que poderiam se autorrecuperar "se ao menos...". O único caminho para a salvação é o homem negro olhar para dentro de si e reconhecer-se como a fonte de seu bem-estar.

Em *Rock My Soul: Black People and Self-Esteem* [Embale minha alma: pessoas negras e autoestima], sugiro que no mundo de hoje "a saúde mental é a fronteira revolucionária para os negros". A boa saúde mental começa com a autoestima. Muitos homens negros, mesmo aqueles que aparentam ter todas as características do sucesso, sentem baixa autoestima. Em *Six Pillars of Self-Esteem* [Os seis pilares da autoestima], Nathaniel Branden afirma:

> A autoestima, plenamente realizada, é a experiência de que somos adequados à vida e aos requisitos da vida — autoestima é a confiança em nossa capacidade de pensar, em nossa capacidade de lidar com os desafios básicos da vida, em nosso direito de sermos bem-sucedidos e felizes; é o sentimento de sermos dignos, merecedores, com o direito de afirmar nossas necessidades e desejos, de atingir nossos valores e desfrutar do resultado de nossos esforços.

Os seis pilares da autoestima são integridade pessoal, autoaceitação, autorresponsabilidade, autoafirmação, viver conscientemente e viver com um propósito. Em *Rock My Soul*, escrevo sobre as maneiras pelas quais as pessoas com baixa autoestima perdem o senso de agência: "Elas se sentem impotentes. Sentem que só podem ser vítimas". Esse sentimento de ser única e exclusivamente vítima é um dos fatores que impedem os homens negros feridos de recuperar o senso de agência perdido. Uma vez que essa perda de agência, que também é um rescaldo do assassinato da alma, pode ser consequência de um trauma de infância mais do que o resultado de um encontro cruel com o racismo, então o processo de cura deve ter início com a confrontação do passado ou, pelo menos, com a adoção de um estilo de vida diferente, a fim de que se possa viver plenamente o presente.

Para construir a autoestima que é a base do amor-próprio, os homens negros se envolvem necessariamente em um processo de resistência, durante o qual desafiam os estereótipos negativos e reivindicam seu direito à autodefinição. Para alcançar esse objetivo, eles devem fazer um trabalho espiritual. Eu uso a palavra "espiritual", aqui, não no sentido de ritual organizado, mas no sentido mais metafísico de cultivar o cuidado da alma. Assim como Charles Johnson identificou a insistência contemporânea das mulheres negras na primazia de nosso ser espiritual como um contraponto à desumanização racista/machista que nos veria sempre e apenas como corpos depravados, os homens negros devem cultivar uma linguagem de coração e alma.

Homens negros visionários como Joseph Beam, Essex Hemphill, Marlon Riggs e Kevin Powell começaram a moldar essa linguagem em ensaios, poesia e cinema. Três desses homens, todos gays, morreram jovens. Sua homossexualidade por si só não os tornou mais "conscientes". Há muitos homens gays que estão tão presos e psicologicamente confusos quanto seus colegas heterossexuais. Beam, Hemphill e Riggs foram homens que escolheram transitar do auto-ódio para o amor-próprio. Eles fizeram o trabalho do amor. Não foi fácil.

Joseph Beam inicia sua introdução a *In the Life* [Na vida], a antologia de escritores gays negros que ele editou em homenagem a escritoras negras lésbicas (Audre Lorde, Barbara Smith, June Jordan, Michelle Cliff), afirmando: "A coragem delas me disse que eu também podia ser corajoso. Eu também podia não só viver com o que sinto, mas extrair um auxílio disso, nutri-lo e torná-lo visível". À medida que desenvolve consciência sobre a prioridade de criar amor-próprio, ele compartilha essas percepções, explorando a maneira como os homens negros se relacionam, a começar pelo próprio pai:

> Como é difícil falar do meu apreço dizendo: pai, eu te amo. [...] Nosso amor um pelo outro, apesar de grande, nunca pôde ser dito. É o amor muitas vezes não dito que os homens negros dão a outros homens negros em um mundo em que somos forçados a tapar a boca ou sofrer sob o chicote da prisão, do desemprego ou até da morte. Mas essas palavras, as que falham, são exatamente as que dão vida e a fazem prosseguir. Elas devem ganhar voz. Que legado deve ser encontrado no silêncio? Por causa do silêncio entre nós, cada um de nós, como meninos e homens negros em amadurecimento, deve começar a luta para sobreviver outra vez.

É esse ciclo danoso que precisa ser quebrado para que os homens negros sejam livres e inteiros. Beam compreendeu isso:

> Atrevo-me a sonhar com a mudança da sobrevivência para o potencial, para a superação positiva. Sonho com homens negros

amando e apoiando uns aos outros e aliviando as mulheres negras do papel de cuidadoras primárias em nossas comunidades. Também sonho que, ao recebermos mais do que queremos uns dos outros, nossa raiva especial reservada às mulheres negras desaparecerá. Atrevo-me a sonhar. [...] Atrevo-me a sonhar com um momento em que passarei por um grupo de irmãos na esquina e as palavras "veado desgraçado" não moverão o ar ao redor dos meus ouvidos, e quando meu irmão gay se aproximar de mim na rua, poderemos nos abraçar se quisermos. Atrevemo-nos a sonhar que vale a pena querermos uns aos outros. Homens negros amando homens negros é o ato revolucionário.

Riggs, Hemphill e eu passamos muitas horas debatendo essa última declaração. Amigos e camaradas que me deram amor incondicional e sem julgamentos, fosse me fazendo um bolo de aniversário, fosse dizendo ao meu namorado da época que estavam de olho nele e que estavam ali para serem as testemunhas que protegeriam o tesouro do meu coração, eles me respeitavam como pensadora e intelectual. Então, quando eu lhes disse: "De jeito nenhum, querido — homens negros lidando com a própria infância é o ato revolucionário", eles entenderam. As lâmpadas se apagaram. Eles entenderam que, sem o trabalho de autorrecuperação, os homens negros não encontrariam o caminho para o amor-próprio que lhes permitiria amar outro homem. Sinto falta desse testemunho e da alegria que compartilhamos.

Em conversas, outro camarada nosso, o cineasta Isaac Julien, disse a Hemphill que "desaprender o auto-ódio e o medo é um trabalho árduo". Sabendo disso em seu íntimo, ele acha importante que os homens negros reivindiquem seu fracasso como forma de resistir às demandas perfeccionistas de masculinidade patriarcal.

> Acho que o fracasso é algo que deve ser comemorado. Não quero aderir a uma formação de identidade masculina negra segundo a qual é preciso se postar de maneira rígida — como em uma marcha — mesmo quando enfrentamos dor, ceticismo, carência e insegurança. Tudo isso é tão parte da identidade masculina negra quanto as coisas que podemos querer exibir, como nossa resistência e unidade. Precisamos estar dispostos a participar de um processo de pensamento através do nosso fracasso como homens negros nesta sociedade. [...] Discursos de empoderamento de machos negros nunca chegarão a nós onde vivemos. Há algo interessante que podemos aprender com o que costumamos chamar de fracasso, porque nosso fracasso também contém nossa resistência.

Despertar o espírito coletivo de resistência nos homens negros será a energia revolucionária que mudará o destino dos homens negros. Enquanto esse momento não chega, os homens negros devem, como bem colocou Beam, "atrever-se a sonhar".

Devem sonhar com uma masculinidade que humaniza. Devem ousar abraçar a infância como um período de maravilhamento, brincadeira e autoinvenção. Devem ousar se tornar homens que desejam ser diferentes, que, como Olga Silverstein escreve em *The Courage to Raise Good Men* [A coragem de criar homens bons], serão "empáticos e fortes, autônomos e conectados, responsáveis consigo mesmos, com a família e os amigos e com a sociedade, e capazes de entender como essas responsabilidades são, em última análise, inseparáveis".

Kay Hagan nos lembra que "pode ser um pouco perturbador" conviver com homens diferentes, antimachistas e que amam a si mesmos, "porque eles geralmente não agem de maneira associada aos homens comuns". Ela explica, ainda:

> Eles ouvem mais do que falam; eles refletem sobre seus comportamentos e motivações; eles se educam ativamente sobre a realidade das mulheres, buscando a cultura das mulheres e as ouvindo. [...] Eles evitam usar mulheres para expressão emocional indireta. [...] Quando erram — e eles erram —, buscam orientação nas mulheres e recebem críticas com gratidão. Eles adotam uma incerteza duradoura enquanto esperam por uma nova maneira de ser para revelar alternativas não consideradas anteriormente ao controle e ao comportamento abusivo. Eles intervêm no comportamento misógino de outros homens, mesmo quando as mulheres não estão presentes, e trabalham duro para reconhecer e desafiar o seu. [...] [Eles] percebem o valor de uma prática feminista para si mesmos e não a advogam porque seja politicamente correta, ou porque querem que as mulheres gostem deles, ou mesmo porque desejam que as mulheres tenham igualdade, mas porque entendem que o privilégio masculino as impede não apenas de se tornar seres humanos autênticos e inteiros, mas também de conhecer a verdade sobre o mundo. Eles continuam a abrir a porta.

As portas da alma foram fechadas para muitos homens negros. E é quando eles destrancam essas portas e encontram a coragem de entrar que se redescobrem.

10.
da hora é ser real

Houve um tempo em que o que havia de "da hora" na masculinidade negra era definido pelas maneiras como os homens negros enfrentavam as dificuldades da vida sem permitir que seu espírito fosse devastado. Eles pegavam a dor e a transformavam alquimicamente em ouro, num processo de queima que exigia muito calor. A masculinidade negra "da hora" tinha a ver com a capacidade do homem negro de suportar o calor do momento e permanecer centrado. Foi definida pela disposição dos homens negros de confrontar a realidade, de encarar a verdade e suportá-la, e não adotando uma falsa pose legal enquanto se alimentavam de fantasia, nem entrando em negação ou assumindo uma identidade vitimista. A masculinidade negra "da hora" foi definida por indivíduos negros que ousaram se autodefinir em vez de serem definidos por outros.

Ao usar a imaginação para transcender todas as formas de opressão que os impediriam de celebrar a vida, alguns homens negros criaram um contexto em que podiam se autodefinir e transformar o mundo além de si mesmos. O crítico Stanley Crouch confirma esse poder em *All-American Skin Game, Or, The Decoy of Race* [O jogo da pele tipicamente estadunidense, ou A armadilha da raça], ao escrever sobre o músico Louis Armstrong:

Levantando o trompete em sua embocadura particular, ele se ergueu do caldeirão fervilhante do hemisfério ocidental como um Poseidon negro da melodia. Armstrong convocava, então, o heroico e afro-estadunidense lirismo da esperança crescendo em meio ao profundo reconhecimento da tragédia e também enriquecia nosso senso ambivalente de romance adulto com a batida daquela dança incomparável na qual todas as complexidades do namoro e do fracasso romântico pareciam se localizar nos passos argentinos de inumeráveis casais em salões de baile, tão expressivos da paixão que pareciam eternamente míticos. O poder transcendente de tal combinação simboliza o calor afirmativo e miscigenado necessário para derreter os ternos de metal da história.

Se todos os jovens negros dos Estados Unidos simplesmente estudassem a história, a vida e o trabalho de alguns músicos negros, eles teriam modelos de cura e sobrevivência. Eles veriam limpidamente os caminhos que levam a uma vida de sofrimento e dor e os que levam ao paraíso, à cura e a uma vida em comunidade. Na abertura de sua autobiografia, *Blues All Around Me* [Blues ao meu redor], B.B. King afirma:

> Quando se trata de minha própria vida, outros podem conhecer melhor os fatos do que eu. [...] Mas a verdade é que fatos não contam a história toda. [...] Não estou escrevendo uma história a sangue frio. Estou escrevendo uma lembrança do meu coração. Esta é a verdade que eu procuro: seguir meus sentimentos, não importa aonde me levem. Quero tentar me entender, esperando que você [...] também me entenda.

Nos capítulos anteriores, falei sobre o blues como a forma musical escolhida pelos negros para expressar uma gama de emoções complexas, da alegria mais intensa à tristeza e ao pesar mais profundos. Ao explicar o que o blues significava para ele quando garoto, King afirma: "O blues significava esperança, empolgação, pura emoção. O blues era sobre sentimentos". Assim como o rap *gangsta* de hoje convida os homens negros a adotar uma pose "da hora", a confrontar e a fingir, a mascarar sentimentos verdadeiros, o blues era um convite para que os negros se fizessem vulneráveis, expressassem sentimentos verdadeiros, abrissem o coração e o expusessem. Homens negros ajudaram a criar o blues, mais do que qualquer outro gênero musical, como uma música de resistência à noção patriarcal de que um homem de verdade nunca deve expressar sentimentos genuínos. A consciência emocional da dor que os homens negros sentem na vida real foi e é o coração e a alma do blues. Quando o guitarrista canta: "Encontrei um vazamento neste velho prédio e minha alma precisa se mudar/ Estou dizendo que minha alma precisa se mudar",[20] ele está cantando sobre a dor da traição, sobre a necessidade de não ser abandonado para encontrar abrigo em um lugar emocional seguro. Ele está dando voz lírica a tudo o que Thomas Moore escreveu em seu famoso livro *Care of the Soul* [Cuidado da alma].

Ao escrever sobre o poder transformador do blues, Stanley Crouch oferece esta compreensão poderosa: "O blues é o som da investigação espiritual em uma estrutura secular e, através

---

[20] "There's a leak in this old building, and my soul has got to move/ I say my soul has got to move". Trecho da canção "There's a Leak in this Old Building", composta por Claude Ely em 1953. [N.T.]

de seu próprio lirismo, o blues atinge a penetração espiritual". Se houvesse uma multidão de jovens negros ouvindo blues, eles estabeleceriam a conexão entre, por um lado, uma política séria do que é ser "da hora", que consiste em reconhecer o significado da busca espiritual em uma vida secular que requer o entendimento da percepção de si, e, por outro lado, a apreciação da necessidade de nutrir a vida interior do espírito como uma estratégia de sobrevivência. Qualquer homem negro que ousa cuidar de sua vida interior, de sua alma, já está se recusando a ser uma vítima.

Não é por acaso que um dos momentos de maior tristeza na carreira de B.B. King ocorreu em um show nos anos 1960, quando ele se deparou com um mundo que estava se afastando do blues. Uma nova geração de negros queria dançar, festejar e fazer o que desse na telha — uma geração que não queria lidar com a dor do passado ou do presente. King lembra: "Os anos 1960 tiveram uma alma bonita, porque as pessoas negras falavam mais abertamente sobre o respeito que queríamos e o que de bom sentíamos em relação a nós mesmos. A política se infiltrou na música, e a política se referia a uma mudança que afirmava a vida". Se essas políticas tivessem sido verdadeiramente libertadoras, teriam adotado o blues como um poderoso legado da redenção masculina negra. Em vez disso, King lembra:

> Queremos chegar à frente. Mas, ao avançar, às vezes nos ressentimos com as antigas formas de música. Elas representam um momento que preferimos esquecer, um período da história em que sofremos vergonha e humilhação. Não faz diferença que o blues seja uma expressão de raiva contra a vergonha ou a humi-

lhação. Na mente de muitos jovens negros, o blues representava um tempo e um lugar que eles haviam superado.

Esse desprezo pelos poderosos legados da identidade masculina negra em resistência preparou o palco para o desdém da geração hip-hop em relação à complexidade emocional da experiência masculina negra.

O hip-hop patriarcal inaugurou um mundo no qual os homens negros podiam declarar que estavam "mandando a real" quando o que estavam de fato fazendo era tomar o protesto patriarcal já morto do movimento black power e rearticulá-lo de formas que, embora divertidas, não tinham, na maior parte das vezes, poder transformador algum, capacidade alguma de intervir na política de dominação e mudar a vida real dos homens negros. Embora os garotos patriarcais da cena hip-hop possam falar sobre mandar a real, não houve cultura musical com homens negros na vanguarda de sua criação que tenha sido tão impregnada com as políticas de fantasia e negação quanto as vertentes mais populares de hip-hop. A pose falsa e descolada de "mandar a real" encobre o fato de que as gerações de pessoas negras dissimulando o blues e participando de "tiroteios" modernos nos quais o hip-hop patriarcal mata simbolicamente o blues — e, por extensão, o jazz é uma expressão real da cultura dominadora.

Todd Boyd explica a ligação entre o movimento black power e a cultura hip-hop em *The New H.N.I.C.*[21] (o título abra-

---

[21] Sigla para "Head Nigger In Charge", ou seja, "o negro no comando", líder de um grupo. É também o nome de um álbum do rapper estadunidense Prodigy, lançado em 2000. [N.E.]

ça a retórica da cultura dominadora: trata-se da visão patriarcal de estar no topo, de ser o líder, de ser O Maior, O Homem). Boyd escreve:

> O movimento black power, por outro lado, era frequentemente frustrado pelo Estado em suas tentativas de massificação, mas os princípios persistentes dessa ideologia tiveram um impacto enorme na base. Uma recusa consciente de integrar-se aos Estados Unidos dominante agora caracteriza os negros que voluntariamente existem em seu próprio mundo. O hip-hop é uma consequência desse sentimento nacionalista negro. [...] Uma coisa é produzir cultura quando as pessoas são legalmente impedidas de existir no *mainstream*, mas é algo completamente diferente produzir cultura quando a integração parece ser uma opção e as pessoas escolhem, por qualquer motivo, não a perseguir. Enquanto a Motown foi empacotada para o consumo do *mainstream*, o hip-hop foi empacotado pelos sentimentos do nacionalismo negro e codificado no logotipo da marca de hip-hop FUBU, que significa "para nós, por nós" [*for us, by us*].

Isso é pura fantasia, já que o hip-hop não só *é* empacotado para o consumo do *mainstream*, como muitos de seus principais temas — a aceitação do capitalismo, o apoio à violência patriarcal, a abordagem conservadora dos papéis de gênero, o apelo ao individualismo liberal — refletem os valores dominantes do patriarcado supremacista branco capitalista imperialista, embora com rosto negro. Assim como o elo fraco no movimento militante black power foi a obsessão disfuncional dos homens negros radicais pela concorrência com os meninos brancos pelo território patriarcal, o hip-hop, especialmente o rap *gangsta*, articula essa obsessão de novas formas, mas com a mesma velha história: homens negros querendo estar "no comando" — no comando da guerra, no comando da mulher, no comando do mundo.

Não é de admirar, portanto, que boa parte da cultura hip-hop ofereça aos homens negros muito pouco alimento espiritual "real". Obviamente, isso pode ensiná-los a jogar o jogo do dominador, e, com certeza, eles podem jogá-lo até a riqueza. Mas isso não os ensina a ir além do jogo para encontrar o lugar da alma, do ser, do que há de legal em estar bem com a própria alma, em ser real.

Falando sobre ser verdadeiro, Boyd escreve:

> O hip-hop, por outro lado, tem uma preocupação com ser "real", honrando a verdade das próprias convicções, enquanto se recusa a curvar-se para acomodar os ditames das massas. Ao contrário da geração anterior de pessoas que muitas vezes se comprometeram ou se viraram em busca de algo maior, o hip-hop vê o comprometimento como falso, irreal e não genuíno.

Essa versão de ser "real" parece mais uma versão requentada da noção de masculinidade patriarcal branca de que um homem real prova sua masculinidade permanecendo rigidamente ligado à sua posição, recusando-se a mudar. Revela a imaturidade emocional subjacente a muitos sentimentos do hip-hop. Ironicamente, as maduras lutas pela justiça social, como os direitos civis, que possibilitaram à geração do hip-hop avançar sem sofrer uma repressão racista significativa, são ridicularizadas por Boyd, que inconscientemente afirma: "Da mesma forma que os direitos civis falavam às condições da época, os artistas de hip-hop hoje falam para uma população muitas vezes desiludida com aqueles considerados abertamente políticos no sentido tradicional do termo". Muito da cultura hip-hop é *mainstream* porque é apenas um show de menestréis negros — uma imitação do desejo do dominador, não uma rearticulação, nem uma alternativa radical. Não é de admirar, então, que a cultura patriarcal do hip-hop tenha feito pouco para salvar a vida dos homens negros e muito mais para ensiná-los a abraçar uma visão de "a gente é da hora" que inclui o pressuposto de que "a gente morre bem cedo", como afirma o poema profético de Gwendolyn Brooks — de quem tomei emprestado, para este livro, o título *We Real Cool*.

A definição de "legal" estabelecida por Boyd se relaciona com o estado de ausência de vida, com a necrofilia: "O legal [*cool*] é um sentimento de desapego, afastamento e indiferença. Uma indiferença que sugere que alguém está acima de tudo. Um orgulho, até uma arrogância, que é ao mesmo tempo descontraído, despreocupado, percebido como altamente sexual e potencialmente violento". É uma noção estereotipada e falsa de legal, que nega a história do que já significou ser legal para os homens negros: algo que não se relacionava à dissociação, à dureza e à violência, e que remetia a ser intensamente conectado, consciente e capaz de julgar a ação correta a ser tomada em uma determinada circunstância. A versão de Boyd do homem negro "da hora" espelha as características dos sociopatas e psicopatas; é tudo sobre dissociação. Trata-se de uma visão da masculinidade negra que apenas reforça o *status quo*, que não oferece possibilidades de mudança redentora ou cura. É a droga definitiva que mantém os homens negros em seu lugar e viciados nas coisas como elas são.

Embora Boyd e muitos de seus companheiros gostem de pensar que a libertação se limita a chamar a si mesmos de "manos" e se deliciar com a glória da cultura *gangsta*, glamorizando o vício em drogas, em buceta e em coisas materiais, eles personificam o estado espiritual zumbi dos homens negros "legais" de hoje; foram comprados, não são senhores de si. E o triste fato é que eles nem sabem que estão fingindo e se defrontando enquanto falam sobre mandar a real; eles trazem um novo significado à palavra *negação*. Na verdade, a cultura que promovem é sobre brincar de morto e gostar disso, ou estar morto e deixar para trás um legado de morte. Boyd expressa a morte que está no cerne do desprezo patriarcal do hip-hop pela história e cultura negra quando escreve:

> O movimento pelos direitos civis era severo. Era sério e, no final das contas, pesava na alma. Muitas pessoas, negras, brancas e outras, abraçaram essa época, enquanto passaram a rejeitar qualquer era subsequente por não cumprir os padrões da anterior. [...] Os Estados Unidos agora transformaram o sonho de Martin Luther King em um fim de semana prolongado. Em outras palavras, os direitos civis já passaram. Supere isso!

Boyd parece não entender que a nostalgia em relação ao movimento pelos direitos civis está ligada aos modelos humanitários de liberdade que oferecia aos negros, especialmente aos homens negros, sustentando valores que melhoravam a vida, que permitiam a muitos negros alcançar uma autoestima saudável sem adotar a cultura dominadora.

O movimento black power, com sua abrangência defeituosa da cultura *gangsta* e da violência, conspirou com a cultura dominante na produção de um culto à morte que é o *éthos* atual da vida masculina negra. Certamente, alguns homens negros estão obtendo seu quinhão, ganhando dinheiro, fazendo sexo, promovendo guerras e talvez até se divertindo, mas o fato é que hoje os homens negros coletivamente estão em crise, em um mundo de dor. E, sim, para muitos, a morte é a única saída. Quando a cultura hip-hop fornece um modelo para a salvação dos homens negros, podemos valorizá-la, assim como muitos de nós valorizamos a luta pelos direitos civis. A cultura hip-hop criou alguns divertidos parques de diversão subculturais, alguns sons decentes e ótimas batidas, mas ainda precisa "mandar a real" ao interagir com o mundo além da subcultura e da mercantilização convencional da negritude, que falham em oferecer a homens negros, jovens ou velhos, projetos de libertação, cura, retorno à alma, totalidade.

A cura da alma para homens negros feridos exige um retorno ao Eu interior. Exige que não apenas "voltem para casa", mas que se atrevam a fazer do lar um lugar onde a alma possa prosperar. O professor místico e espiritual Howard Thurman foi um homem negro da geração do blues. Ao buscar a união extática com o divino, encontrou um modo de ser inteiro. Oferecendo uma estratégia de cura em *Deep Is the Hunger* [Profunda é a fome], Thurman nos convoca a trazer uma estética de cura para o lugar onde vivemos, a criar beleza:

> Trazer para o lugar onde você mora apenas o melhor e o mais bonito, que belo projeto de vida! Isso está ao alcance de todos. Pense em usar a memória dessa maneira. Como a vida acontece dia após dia, passamos por todo tipo de experiências, boas, ruins, bonitas, feias, que se tornam parte do passado. Podemos desen-

volver a capacidade de rastrear a memória de forma que apenas o excelente seja guardado no próprio quarto! Todos os tipos de ideia passam pela mente de alguém, sobre si mesmo, sobre o mundo, sobre as pessoas. Qual você guarda em seu próprio quarto? Pense agora, que ideias você traz para o lugar onde mora?

Criar beleza através da arte tem sido uma das maneiras mais poderosas que os homens negros escolheram para se recuperar, para declarar sua humanidade essencial. Seja a beleza de uma colagem de Romare Bearden, um solo de John Coltrane ou as fotos requintadas de Roy DeCarava, alguns homens negros têm encontrado maneiras de deixar a alma falar. E por esse mesmo ato de falar, de quebrar silêncios, eles resistem à desumanização. John Coltrane cria o álbum *A Love Supreme* [Um amor supremo] depois que escolhe fazer o trabalho de recuperação, afastando-se do vício que ameaçava extinguir seu espírito criativo. Os jovens negros de hoje que buscam a totalidade podem encontrar direção no trabalho e na vida de Coltrane, aprendendo o que (não) fazer.

Coltrane recolheu os pedaços de seu coração e voltou a juntá-los. Sua cura exigia que ele assumisse a responsabilidade de afastar os demônios que colocavam sua vida em risco e o levavam a se sabotar repetidas vezes. Ele não tinha medo de enfrentar a verdade de sua vida. O medo de encarar a verdade da vida impede a maioria dos homens negros de se encontrar. Enquanto os jovens negros acreditarem que confrontar e usar a máscara de "legal" é o que se deve fazer quando, no fundo, uma raiva febril está corrompendo o seu espírito, eles sofrerão. Todo homem negro é diminuído pela destruição arbitrária da masculinidade negra, tão comum em nossa nação. Embora Orlando Patterson ainda não tenha adotado totalmente uma crítica ao patriarcado, ele é um dos poucos estudiosos negros que se atreveu a falar a verdade sobre a intensa solidão que a maioria das pessoas negras, sobretudo os homens negros, sente nesta cultura.

Embora a cultura popular tenha feito com que o corpo e a presença dos homens negros representem o ápice do "legal", esse é um "legal" que flerta com a morte, não um que melhore a vida dos homens negros ou das pessoas com quem eles se associam. Os rapazes adotam uma noção de legal que diz respeito a pegar a mulherada e estar pronto para matar (ou, pelo menos, fazer alguém pensar que você está pronto para matar) porque, como identidade, é mais fácil ficar com essa do que buscar o autoconhecimento e criar uma vida significativa. No momento, em nossa nação, poucos homens negros traçam o caminho da autoestima saudável. Esse caminho requer aceitar a si mesmo, assumir responsabilidades, abandonar a vitimização, dizer a verdade e ser positivo.

Na esteira da militância dos anos 1960, o movimento patriarcal black power lançou uma ideia política sobre ser legal que se relacionava totalmente com a cultura dominadora, afirmando poder da mesma maneira que havia sido criticada por homens negros justos desde o momento em que pisaram a terra do chamado novo mundo. Essa noção de legal se tratava apenas de exploração, trapaça, negociação, superação, sobrevivência. Apesar de criticar o homem branco, a intenção era ser o homem branco, com todas as vantagens e regalias que advêm do poder dominador patriarcal. Não é de admirar, então, que esses homens negros não respeitassem uma noção de legal baseada na capacidade dos homens negros de usar sua imaginação profética para transcender a política de dominação e criar uma comunidade de amor. Noções patriarcais sobre ser legal diminuíram o espírito da criatividade masculina negra, reprimindo e, em muitos casos, destruindo a imaginação masculina negra.

Neste momento, há uma divisão geracional entre os homens negros. Os mais velhos muitas vezes entendem que abraçar a masculinidade patriarcal de caubói condena os negros (eles viram os corpos caindo e não se levantando mais). Eles sabem que a cultura caubói faz com que os negros matem ou sejam mortos. Já os negros mais jovens são seduzidos pela política do gangsterismo, seja um gangsterismo acadêmico, um gangsterismo rapper ou um gangsterismo cafetão. Tornar-se gângster é um convite sedutor para abraçar a morte como a única lógica da existência masculina negra. Em *Finding Freedom*, Jarvis Jay Masters fala da realidade de que muitos homens negros procuram a prisão, acreditando ser esse o seu verdadeiro destino, o seu verdadeiro lar. "Secretamente, gostamos daqui. Este é um lugar que acolhe um homem cheio de raiva e violência. Esse homem não é anormal aqui, não é diferente. A vida na prisão é uma extensão de sua vida interior." Condenado à morte, Masters recusou-se a aceitar o veredito enquanto a justiça não o cumpria, ou seja, enquanto ainda estava vivo, e encontrou a cura espiritual, uma nova vida dentro dos muros da prisão.

> Quando fui acusado de assassinato, isso me pareceu irreal. [...] Quando outras pessoas começaram a trabalhar para encontrar um jeito de salvar minha vida, entrei para a cruzada. Eu nunca havia cooperado antes. Mas, pela primeira vez, eu estava deter-

minado a descobrir o que estava acontecendo comigo. Eu não queria justificar as coisas que tinha feito e não estava cooperando agora apenas para salvar minha pele. Querer saber os fatos sobre mim me fez levar a vida a sério pela primeira vez.

Masters oferece aos homens negros uma visão crucial do processo de cura que tem início quando se decide levar a vida a sério. Ao passar a refletir criticamente sobre o passado, Masters se deu conta de que seu destino foi selado ao receber reiteradas sentenças de morte na infância, ao ouvir do mundo ao seu redor que meninos negros não importavam. Abrindo seu coração para a cura espiritual através da prática da meditação budista, Masters resgatou a capacidade de se deslumbrar, de imaginar. O fato de poder se recuperar, mesmo dentro dos estreitos limites do corredor da morte, deve servir como um lembrete para os homens negros de que a salvação é sempre possível. É sempre uma questão de escolha.

Homens negros saudáveis em nossa sociedade não caem no *hype* patriarcal. Eles atingem o bem-estar emocional aprendendo a amar a si mesmos e aos outros. Como cidadãos responsáveis, procuram fazer sua parte no mundo do trabalho, ser economicamente autossuficientes, mas não acreditam que o dinheiro seja a chave da felicidade. Cultivam uma vida espiritual, que pode ou não incluir a religião organizada. No livro de memórias *Walking with the Wind* [Caminhando com o vento], o político e ativista pelos direitos civis John Lewis fala do poder da oração em sua vida: "Por um lado, a oração para mim é uma tentativa de comunicação com um poder, uma força, um ser muito maior do que eu. Por outro, é um período de simplesmente ter uma reunião executiva comigo mesmo. É um período de estar sozinho, um período de meditação, um período de apenas ser eu mesmo". A chave aqui é ser e estar, não fazer.

Lewis continua: "Quando olho para minha vida e para o que passei, posso dizer que foram as orações dos verdadeiros fiéis, as orações de uma comunidade engajada de mentes semelhantes que me possibilitaram ainda estar aqui". Para Lewis, a oração ajuda na cura. "Nós podemos usá-la e lidar com problemas e coisas que não entendemos e que não compreendemos completamente. É muito difícil separar a essência da oração e da fé. Oramos porque acreditamos que orar pode tornar realidade o que acreditamos, nossos sonhos e nossa visão." Aprender a orar, meditar, ficar em silêncio é uma prática de cura. Embora os jovens negros geralmente falem em crer em Deus, eles muitas vezes deixam de levar a sério uma visão de Deus que trata de amar e dar, em vez de julgar e punir. Afastar-se do Deus patriarcal para uma visão do espírito divino cósmico é uma forma de os homens negros escolherem práticas espirituais redentoras.

Homens negros que adotam plenamente o patriarcado sempre estarão comprometidos com comportamentos autodestrutivos, sempre cortejarão a morte. Até certo ponto, todo homem negro que transgrediu os limites estabelecidos pelo racismo e pelo sexismo o fez repudiando alguma regra patriarcal. Em seu livro mais recente, *Tough Notes: A Healing Call for Creating Exceptional Black Men* [Notas difíceis: um apelo de cura para a criação de homens negros excepcionais], Haki Madhubuti afirma:

> Meus irmãos, há homens excepcionais entre nós. Homens que passaram a juventude, em geral contra todas as probabilidades,

se preparando para ser os melhores na área que escolheram. A maioria desses homens entendeu desde cedo como o racismo / a supremacia branca funcionava e, portanto, resistiu a suas armadilhas e tentações e fortaleceu o corpo, a mente e o espírito para se erguer contra seus males.

Assim como Madhubuti encoraja os homens negros a resistir ao racismo, ele os incentiva a desafiar a escrita machista: "A igualdade de gênero, assim como os direitos humanos, não é algo moderno para ficar no papel. Não é uma recompensa dada a mulheres inteligentes ou 'boas meninas', e sim a homens esclarecidos. A igualdade de gênero é um direito muito disputado, conquistado por mulheres e homens que não têm medo de suas próprias sombras, erros e histórias". Homens negros que se opõem ao machismo, que escolhem ser feministas em seus pensamentos e ações, modelam uma masculinidade curativa para todos os homens negros.

À medida que os homens negros se afastam das noções patriarcais sobre o que é ser legal, eles se voltam a uma herança do legal masculino que permanece destinada a melhorar suas vidas. Em *The Devil Finds Work* [O diabo encontra trabalho], James Baldwin descreve um rito religioso chamado "súplica ao sangue":

> Quando o pecador deitou seu rosto diante do altar, a alma do pecador se viu presa em uma batalha contra Satanás, ou, no lugar de Jacó, lutando com o anjo. Todas as forças do Inferno correram para reivindicar a alma que acabara de ser surpreendida pela luz do amor de Deus. A alma atormentada virou-se de um lado para o outro, ansiando igualmente pela luz e pelas trevas: ansiando, em

agonia, pela reconciliação — e pelo descanso. [...] Somente os santos que haviam passado por esse fogo tinham o poder de interceder, de "suplicar o sangue", de trazer com eles a alma em apuros e mortalmente ameaçada. A súplica ao sangue era um apelo a quem nos amou o suficiente para derramar seu sangue por nós; que ele aspirja a alma com seu amor mais uma vez, que ele nos dê poder sobre Satanás, e dê o amor e a coragem para viver nossos dias.

Talvez mais do que em qualquer outro ponto da história de nossa nação, os homens negros de hoje estão presos na turbulência psicológica de ansiar igualmente pela luz e pelas trevas. Agora, mais do que nunca, as forças sombrias do vício, da violência e da morte parecem ter um domínio mais poderoso sobre a alma negra do que a vontade de viver, amar, ser saudável e íntegro. Agora, mais do que nunca, os homens negros precisam daqueles que os amam o suficiente para "suplicar o sangue".

Os homens negros que mais amo compartilham comigo o quanto é difícil para eles escolher a vida ao invés da morte, escolher andar pela estrada que leva ao paraíso; é muito mais fácil seguir o caminho do sofrimento e do tormento. Para muitos homens negros, essa é uma prisão familiar, sem paredes. É uma prisão feita por eles mesmos. Até que não comecemos a proteger coletivamente a vida emocional de meninos e homens negros, estaremos assinando os mandados de morte. Salvar a vida de meninos e homens negros exige de nós toda a coragem para desafiar a masculinidade patriarcal, a coragem de colocar em seu lugar visões alternativas de cura da masculinidade negra.

Comecei este livro contando a minha história e a do meu irmão. Fomos parceiros na infância até que a violência patriarcal nos separou, ferindo-nos em vez de nos conectar. Quando olho para trás, vejo a alegria e a exuberância no rosto do meu irmão desaparecer quando ele é forçado a desempenhar o papel patriarcal, quando é forçado a fechar a porta de seu verdadeiro Eu e se tornar o que pensam que ele deve ser. Tenho também lembranças daqueles momentos em que olho para trás e me vejo expressando loucamente minha admiração e meu deslumbramento pela vida, sendo tão sentimental quanto possível, e vejo então uma grande inveja no rosto do meu irmão. Quando fui violentamente açoitada, vi o medo nos olhos dele. Decerto meu irmão deve ter sentido que, se papai podia reunir tanta raiva contra uma garota que não cumpria seu papel, quanta raiva ele invocaria contra um garoto que falhava em ser o que um garoto deveria ser? Até hoje meu irmão continua em busca de realização, fazendo o trabalho de recuperação, esperando encontrar novamente o Eu íntimo que foi forçado a abandonar há muito tempo. Ainda está se esforçando para ser livre e completo. Estamos nessa busca juntos, ajudando-nos mutuamente a crescer. Nós fazemos o trabalho do amor.

Quando aprendi a história de Ísis e Osíris, ouvi esse mito egípcio antigo evocar uma narrativa de redenção e reunião, de cura do trauma da perda e do abandono. Parecia um mito africano arquetípico perfeito, adequado exclusivamente à experiência de homens e mulheres negros na diáspora. Em algumas versões desse mito, Ísis e Osíris são irmã e irmão; em outras, esposa e marido; e, em outras ainda, almas gêmeas. Não importa o relacionamento, eles são unidos por laços de comunhão amorosa em parceria mútua. Eles são o destino um do outro.

Nas versões feministas contemporâneas dessa narrativa mítica, Osíris é massacrado por inimigos patriarcais por causa de sua deslealdade à cultura dominadora. Seu corpo é desmembrado, cortado em pedaços e espalhado por toda parte. Ísis lamenta a perda e depois busca reparação. Ela o procura pelo mundo, coletando os pedaços do parceiro, juntando-os pouco a pouco até que ele fique inteiro outra vez. O analista junguiano James Hillman nos diz para "imaginar arquétipos como os padrões mais profundos do funcionamento psíquico, as raízes da alma que governam as perspectivas que temos de nós mesmos e do mundo".

A história de Ísis e Osíris oferece uma visão de cura que vai na contramão da noção ocidental de cura individual, de que apenas a pessoa doente faz o trabalho de se reabilitar. É uma visão de cura que nos convida a considerar que um ser humano pode ser destroçado de alguma maneira fundamental que não lhe permite se recompor sem a intervenção curativa, sem a ajuda de entes queridos. Ísis é a pessoa amada que conhece tão bem seu par que sabe onde as peças se encaixam. Como Seiso diz sobre a Mulher dos Cinquenta Quilômetros no romance *Amada*, de Toni Morrison, "os pedaços que eu sou, ela junta todos e me devolve todos na ordem certa". Discutindo com perspicácia o poder do mito em *Shadow Dance: Liberating the Power of Creativity of Your Dark Side* [A dança das sombras: libertando o poder da criatividade do seu lado sombrio], o psicoterapeuta David Richo explica: "Ísis remontou Osíris, o deus da ressurreição, reunindo as partes do corpo e criando a primeira múmia, a metáfora da pupa que se torna borboleta. Foram necessários quarenta dias para o embalsamamento funcionar. O embalsamamento simboliza o trabalho necessário para a transformação". Ísis cria o contexto para que Osíris possa se curar.

Esse mito fornece um paradigma de cura para mulheres e homens negros que tanto sofrem por causa das inúmeras maneiras como somos psiquicamente "desmembrados" em uma cultura de dominação. Ele nos convida a usar nossa imaginação terapeuticamente, a tomar o mito e revê-lo à nossa imagem. Certamente, quando consideramos o grupo de homens negros nesta nação neste momento crítico, quando enfrentamos a crise no espírito masculino, reconhecemos que, à medida que o sofrimento intenso nos rasga, dilacera nosso coração, ele também nos abre. Nessa vulnerabilidade revelada e exposta reside a esperança de reconciliação, renovação e ressurreição.

Eu não desisti dos homens negros. E os homens negros não desistiram de mim. Por vezes, eles têm sido a força em minha vida procurando por mim, colocando as mãos sobre meu espírito partido, ajudando-me a escolher a salvação, ajudando-me a ser inteira. Por vezes, eu fui Ísis para meus irmãos negros, reunindo os pedaços que abraçavam sua totalidade, amando-os incondicionalmente.

Esse mito glorioso, o conto de Ísis e Osíris, nos lembra que, não importa quão destruídos, quão perdidos estejamos, nós podemos ser encontrados. Nossa alma nunca estará ferida demais a ponto de não poder ser consertada. Mulheres e homens negros podem usar esse mito para nutrir a memória da conexão sustentada um com o outro, de um amor que resistiu e pode resistir às adversidades do tempo e da tribulação. Podemos escolher um amor que corajosamente busque a alma ferida, a encontre e ouse trazê-la para casa, fazendo o que for preciso para ajudar a reunir os cacos e pedaços, para nos tornar inteiros. Isso é da hora de verdade. Isso é amor de verdade.

bell hooks nasceu em 1952 em Hopkinsville, então uma pequena cidade segregada do Kentucky, no sul dos Estados Unidos, e morreu em 2021, em Berea, também no Kentucky, aos 69 anos, depois de uma prolífica carreira como professora, escritora e intelectual pública. Batizada Gloria Jean Watkins, adotou o pseudônimo pelo qual ficou conhecida em homenagem à bisavó, Bell Blair Hooks, "uma mulher de língua afiada, que falava o que vinha à cabeça, que não tinha medo de erguer a voz". Como estudante passou pelas universidades Stanford, de Wisconsin e da Califórnia, e lecionou nas universidades Yale, do Sul da Califórnia, no Oberlin College e na New School, entre outras. Em 2014, fundou o bell hooks Institute. É autora de mais de trinta obras sobre questões de raça, gênero e classe, educação, crítica cultural e amor, além de poesia e livros infantis, das quais a Elefante já publicou *Olhares negros*, *Erguer a voz* e *Anseios*, em 2019; *Ensinando pensamento crítico*, em 2020; *Tudo sobre o amor* e *Ensinando comunidade*, em 2021; *A gente é da hora*, *Escrever além da raça* e *Pertencimento*, em 2022; *Cultura fora da lei* e *Cinema vivido*, em 2023; *Salvação* e *Comunhão*, em 2024.

© Elefante, 2022
© Gloria Watkins, 2022

Título original:
We Real Cool: Black Men and Masculinity, bell hooks
© All rights reserved, 2004
Authorised translation from the English language edition published
by Routledge, a member of the Taylor & Francis Group LLC.

Primeira edição, maio de 2022
Segunda reimpressão, outubro de 2024
São Paulo, Brasil

Dados Internacionais de Catalogação na Publicação (CIP)
Angélica Ilacqua CRB-8/7057

---

hooks, bell, 1952-2021
A gente é da hora: homens negros e masculinidade /
   bell hooks; tradução de Vinícius da Silva. São Paulo:
   Elefante, 2022.
   272 p.

ISBN 978-65-87235-84-4
Título original: *We Real Cool: Black Men and Masculinity*

1. Negros – Estados Unidos 2. Estados Unidos – Condições
sociais 3. Papel sexual 4. Masculinidade
I. Título II. Silva, Vinícius da

22-1666   CDD 305.38

Índices para catálogo sistemático:
1. Negros – Estados Unidos

---

elefante

editoraelefante.com.br   Aline Tieme [comercial]
editoraelefante@gmail.com   Beatriz Macruz [redes]
fb.com/editoraelefante   Samanta Marinho [financeiro]
@editoraelefante   Yana Parente [design]

tipografia H.H. Samuel & Calluna
papel Cartão 250 g/m² & Pólen natural 70 g/m²
impressão PifferPrint